本书获得以下项目资助：
国家社科基金西部项目：西北地区新型城镇化与农业现代
创新研究（批准号：15XJY006）
甘肃省自然资源厅、中国城市规划设计研究院委托项目：甘肃省国土空间规
划（2020—2035年）——人口时空变化与需求变化研究

U0666949

Research on the Development of
New Urbanization in China based on Population Change

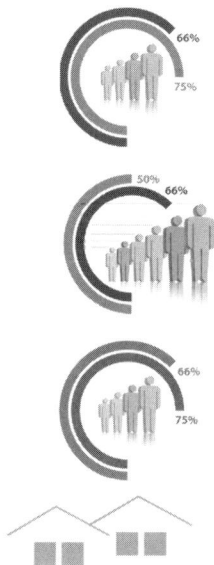

基于人口变化的我国新型城镇化发展研究

何苑　代雪玲　杨春利／著

66%
75%

50%　66%

66%
75%

经济管理出版社
ECONOMY & MANAGEMENT PUBLISHING HOUSE

图书在版编目（CIP）数据

基于人口变化的我国新型城镇化发展研究/何苑，代雪玲，杨春利著. —北京：经济管理
出版社，2022.2

ISBN 978-7-5096-8311-8

Ⅰ.①基… Ⅱ.①何… ②代… ③杨… Ⅲ.①人口发展—关系—城市化—研究—甘肃
Ⅳ.①F299.274.2

中国版本图书馆 CIP 数据核字（2022）第 030099 号

组稿编辑：杨　雪
责任编辑：杨　雪　杜奕彤　王　慧
责任印制：黄章平
责任校对：董杉珊

出版发行：经济管理出版社
　　　　　（北京市海淀区北蜂窝 8 号中雅大厦 A 座 11 层　100038）
网　　　址：www.E-mp.com.cn
电　　　话：（010）51915602
印　　　刷：唐山玺诚印务有限公司
经　　　销：新华书店
开　　　本：720mm×1000mm /16
印　　　张：12.5
字　　　数：201 千字
版　　　次：2022 年 4 月第 1 版　　2022 年 4 月第 1 次印刷
书　　　号：ISBN 978-7-5096-8311-8
定　　　价：69.00 元

前　言

改革开放后，中国城镇化进程明显加快，国际化大都市不断涌现，京津冀、长三角、珠三角等城市群正在走向成熟，西部和东北地区的城市群也在逐步形成，大、中、小城市面貌焕然一新，城市居民的生活环境和生活条件不断改善。一般来说，城镇化是一个国家或地区的人口由农村向城镇转移，农村地区逐步演变成城镇地区，城镇人口不断增长的过程。中国城镇化对全球经济社会发展产生了巨大影响，外国观察家认为中国城镇化是推动 21 世纪世界经济发展的重要引擎之一。40 多年来，我国增加了近 6 亿城镇常住人口，其规模和速度在世界城镇化历史上是史无前例的。据专家估计，中国城镇化基本完成大约需要 100 年，到我国城镇化基本完成之时，将累计转移 12 亿农村人口，占世界总人口的 1/6（韩俊、何宇鹏，2014）。由此可见，人口迁移变化既是我国城镇化发展的重要内容，也是关键要素之一。

当前，中国经济发展的内外部环境已发生变化，经济发展已经从高速增长阶段转向更加注重效益的高质量发展阶段，城镇化也由大规模和快速扩张模式转向集约型的高质量发展模式。展望中国城镇化的未来，以人为核心和高质量发展必将成为新型城镇化进程的主旋律，人文、智慧、生态是推动新型城镇化高质量发展的方向和重点。2014 年，在国务院印发的《国家新型城镇化规划（2014—2020 年）》中提出，"努力走出一条以人为本、四化同步、优化布局、生态文明、文化传承的中国特色新型城镇化道路"。2020 年 10 月，《中共中央关于制定国民经济和社会发展第十四个五年规划和二〇三五年远景目标的建议》中，进一步强调"推进以人为核心的新型城镇化"。坚持以人为本，构建美好城市发展的新图景，将激发未来中国城镇化发展的新动能。

以人为核心的新型城镇化是以人为本、注重质量、统筹城乡及绿色发展的城镇化道路。针对我国城镇化发展中存在城镇化滞后于工业化、人口城镇化滞后于土地城镇化、城市管理滞后于城市发展等问题，新型城镇化将向以人为本、城乡协调的高质量城镇化模式转型发展。新型城镇化更加强调"四化"协调互动，实现城乡统筹发展；更加强调人口、经济和资源环境相协调，倡导集约、绿色发展；更加强调构建与区域经济发展和产业布局紧密衔接的城市格局，推进城市群、大中小城市与小城镇协调发展；更加强调以人为本，包容和谐发展。

以人口变化为视角研究中国城镇化发展，是基于未来较长时期我国城镇化突出以人为本的战略转型。本书从人口迁移和时空变化视角探索我国城镇化发展历程和发展趋势，目的是探索我国以人为核心的城镇化发展路径和发展策略。在本书中，以国家新型城镇化发展战略为背景，基于城镇化过程中人口变动的国内外经验，归纳总结了我国城镇化发展的特点、经验，系统阐述了城镇化过程中人口的迁移流动及其特征。同时，以甘肃省为例，对城镇化发展中人口的时空变化，尤其是城镇化发展态势与格局进行了实证分析，并运用相关模型，对甘肃人口变化，尤其是未来城镇人口的布局进行了分析和预测。最后，在提出我国新型城镇化发展趋势和发展方向基础上，从城镇化与区域协调发展、城市更新、提升城市品质、城市治理、城乡融合、城市群等方面提出了以人为核心的高质量城镇化发展的路径和战略。

中国城镇化正在向更加绿色、更加协调、更高质量发展的方向迈进，我们希望通过本书的初步学术探究，为以人为本的新型城镇化发展提供依据和创新思路，为区域协调和城乡融合发展的实践提供有价值的学术支撑。

目　录

第一章　城市化过程中人口变化的
国际经验

第一节　对城市化的认识与理解

一、对城市化概念的认识

"城市化"由"Urbanization"翻译过来，"Urban"本身包含城市"City"和镇"Town"，这就是说从"城市化"的本源上讲，城与镇原本是一体的。"城市化"是世界通用概念，"镇"属于农村地区。在中国，城市规划法把符合标准的"镇"划入城市范畴，一般用"城镇化"这一概念，本意是为了促进大中小城市协调发展。

在众多的城镇化概念界定中，较权威并被人们普遍接受的是各国工具书和百科全书中的论述。其中，《大英百科全书》给出的城镇化定义较直接，较能反映城镇化的本质特性：城镇化是指人口向城镇或城市地带集中的过程。美国《世界历史》给出的城镇化概念较明确。城市化是一个过程，包括两方面的变化：一方面是人口从乡村向城市运动，并在城市中从事非农工作；另一方面是乡村生活方式向城市生活方式的转变，包括价值观、行为和态度等。中国根据国情和发展需要，在《中华人民共和国国家标准城市规划基本术语标准》中，对城镇化概念的界定特别强调农村人口向城市人口的转化，指出城市化是人类生产与生活方式由农村型向城市型转化的历史过程，主要表现为农村人口转化为城市人口及城市不断发展完善的过程。

二、对城市化内涵的认识

从世界城镇化发展的历史进程以及人们对城镇化的理解和理论研究来看，城镇化的本质特征和内涵可以概括为以下三个方面：

一是人口特征。相对较高密度的居住区域是城镇的基本特征，一定水平的人口规模和人口密度是一个区域成为城镇的基本表征。随着分散的农村人口向城市集中，农村人口逐渐转变成城市人口，城市人口占总人口的比例逐渐上升。并且随着时间的推移，农村数量减少，城市数量增加，规模扩大。正如西蒙·库兹涅茨的直白表达："城市化是城市和乡村之间的人口分布方式的变化。"①

二是产业特征。产业分工和集聚经济推动的大规模非农经济活动是城市存在和发展的物质基础。城镇化首先表现为社会经济活动中农业活动的比重逐渐下降，工业、服务业为主的非农业活动的比重逐渐上升的过程，继而整个社会从以农业为主的乡村社会向以工业和服务业为主的社会演变。库兹涅茨通过对世界各国历史史料进行深入研究，总结出的国家或地区工业化的三个发展阶段，就是最好的例证。

三是社会特征。城市化也是社会关系、社会组织和社会生活从农村方式向城市方式转变、质变的过程。这些方式既包括日常生活习俗、习惯，也包括制度、规则、规划、方法等。城市化意味着传统生活方式、人际关系、生产关系等的改变。

与此一脉相承，世界各国普遍接受的城镇化理论的基本思想和核心理念，可以概括为以下几个方面：

一是工业化是城镇化的首要推动力，城镇化是工业化发展的必然结果。机器

---

① 西蒙·库兹涅茨. 现代经济增长［M］. 北京：北京经济学院出版社，1989：1.

大生产，尤其是现代工业体系必然要求社会分工协作更加细化、深化和广化，与此生产方式相适应的便利的交通设施、先进完善的科学技术和教育体系、劳动力财富和信息等近现代工业发展不可缺少的条件，不可避免地在空间上高度集聚，推动了城市规模的扩大，工业化与城镇化互动、相辅相成，共同推动人类社会发展，成为工商业文明的现代社会。

二是产业结构转化是城镇化的核心机制。城镇在减少交易费用和提高经济活动效率方面有着农村不可比拟的优势，而交易费用和经济效率是第二产业、第三产业区位选择的首要因素。因此，随着社会生产力水平的不断提高、社会分工的进一步深化，工业和服务业逐渐与第一产业在空间上分离，集聚在区位条件优越的区域，形成以第二产业、第三产业为主的城市经济，与以第一产业为主的农村经济越来越远，进而整个区域演化成以第二产业、第三产业为中心的经济结构和社会形态，这是工业文明时期各个国家或地区争先恐后追求的现代化目标。

三是聚集效应和辐射效应是城镇化的主要功能。人口集中和产业集聚是城镇化的显著特征。在减少交易费用、降低生产成本的本能驱动下，城镇具有了魔术般的磁铁效应，不断吸引着人口、资本、信息等各种物质技术资源在空间上高度集中，城镇规模不断扩大。这种效应表现为小城镇小磁铁，大城市大磁铁，聚集效应和城镇规模相辅相成、互相强化，城镇化进程不断加快。

总之，城镇化实质上是人类社会自农业社会向工业社会的转变过程，是工商业经济和城市经济逐渐取代农业经济、农村经济成为社会主导力量的过程，其客观结果是城市集中了社会的大多数经济资源，成为社会的经济中心，农村成为城市的原料供应地和劳动力输出地。

上述城镇化的概念、本质特征和基本发展理念是人类社会在工业文明时期的经验总结，也是世界各国城镇化发展的一般规律的反映。以上所述的城镇化发展方式及理论，可以称为传统城镇化模式和传统城镇化理论。

第二节　国外城市化发展过程中的人口变化

城市化进程，指的是人类社会生产、生活方式不断由农村型向城市型转变的过程，具体来说就是城市人口不断聚集，城市不断发展完善的过程。一般采用城市人口占总人口的比重来衡量城市化水平。

一般将人口变化过程划分为三个阶段：第一阶段是城市化初期阶段，也是城市化的起步发展阶段，城市化率低于30%，城市化水平相对较低，城市化发展较慢，人口居住较为分散，大部分人从事农业生产活动，人口流动以城乡流动为主。第二阶段是城市化中期阶段，城市化率为30%~70%，城市化发展迅速，第二、第三产业快速发展，大量人口由农村向城市迁移流动，从事非农产业；与此同时，随着城市化过程中交通拥堵、环境污染等"城市病"的出现，市民开始向郊区迁移流动，逐渐形成了城市人口郊区化。第三阶段是城市化后期阶段，城市化水平较高，城市化率大于70%，城市人口增长趋于缓慢，城乡人口流动的频率回归正常，城市发展过程中出现了卫星城、城市带的扩展。一些国家的大城市人口逐步向郊区外迁，迁移至远离城市中心的小城镇和农村，也带去了城市的文化和产业等，小城镇得以迅速发展，形成了卫星城。

一、美国城市化发展过程中的人口迁移

美国自1840年开始城市发展，城市人口占比超过10%，到1970年美国城市化率达到70%，用时超过120年，基本完成城市化，完成了由农业社会向工业社会的转变，实现了农业现代化、工业化和城镇化，成为世界上城镇化率比较高的国家之一。

1. 美国城市化的初期阶段

1890 年以前，美国受工业化水平的制约，城市规模较小，城市化发展缓慢，城市化率小于 30%，处于城市化发展的初期阶段。工业化作为城市化发展的推动力之一，带动了城市人口数量的增加，反过来，城市化水平提高又不断推动大量人口的迁移流动。世界银行的数据显示（见图 1-1），美国 1790 年城市化率为 5.1%，其中东北部地区为 8.1%；1830 年城市化水平增加至 8.8%，其中东北部地区的城市化发展迅速，城市化率已上升至 14.2%。1820 年美国的总人口约为 963.8 万人，到 1860 年快速增加至 3144.3 万人，城市增加到 392 个，1870 年的城市化率达到 25.7%，1890 年人口总量飙升至 6300 万人，同时城市化率也超过了 30%。城市化率从 1860 年的不到 20% 上升至 1890 年的 35.1%，30 年间增长了十几个百分点。19 世纪是纽约城市发展历史上的重要时期，这一时期纽约市的人口迅速增加，由 1820 年的 15.2 万人快速增长至 1870 年的 147.8 万人，纽约逐渐成为外来移民的聚集地。这一时期，美国东北部、中西部和南部的城市人口居多，且东北部的城市人口增长迅速，全国的人口总量由 1790 年的 392.9 万人迅速增加至 1880 年的 5020 万人（见图 1-1）。截至 1860 年，美国 80% 的人口依然是农村人口，54% 的劳动力从事农业。

2. 美国城市化的中期阶段

根据世界银行的数据，1891~1970 年为美国城市化从快速发展到基本完成的阶段。1890~1920 年，美国的城市发展较快，30 年间城市化率增长了 16.1 个百分点。1890 年的城市化率为 35.1%，1910 年达到 45.7%，1920 年城市人口占全国人口的比率高于 50% 的临界值，为 51.2%（见图 1-1），城市人口已占到当时全国总人口 1.057 亿人的一半以上。城市人口多于农村人口，说明全国有一半左右的人口居住在城市，同时迁移方向主要为从小城市向大城市迁移。1940 年，美国城市化率增加至 56.5%，美国成为一个大城市占主导的国家。1950 年，美国城市化率达到 64.2%。1970 年，美国城市化率高达 73.6%，人们迁往既非农村也非城市的地区（郊区），郊区人口超过城市人口，并且郊区人口增长率高于

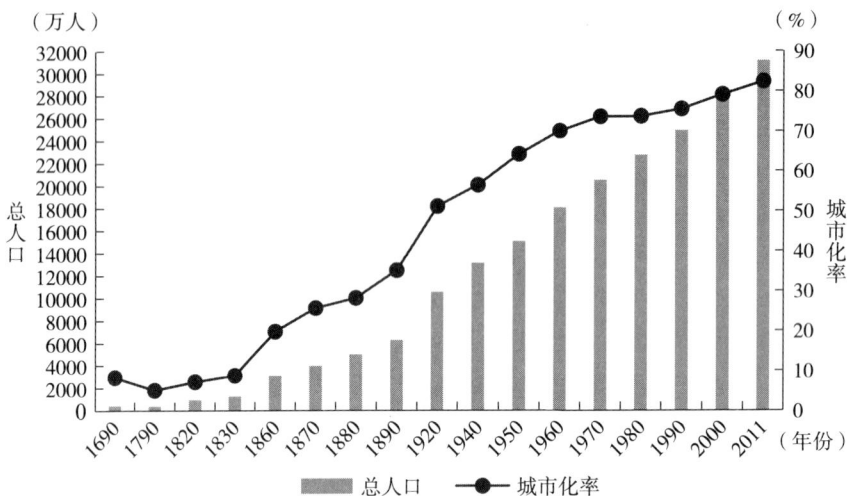

图 1-1　1690～2011 年美国城市化率增长情况

注：1820～1920 年数据来源于余俊[1]，1960～2011 年的数据来自于世界银行网站，部分数据来源于马先标[2]。

资料来源：[1]余俊 . 中外农村城镇化比较研究 [D]. 华中科技大学硕士学位论文，2013. [2]马先标 . 美国城市化历程回顾及经验启示 [J]. 贵州大学学报（社会科学版），2019，37（4）：40-46.

中心城市，大都市区人口开始集中，城市化进程进入郊区化阶段。有资料显示，1790～1950 年，美国城市人口增长了 480 倍，城市数量增加了 180 倍，人口从东北部向中西部和西部的阳光地带迁移。1950～1970 年，城市化过程中出现了环境污染、交通拥堵、犯罪率高等"城市病"，美国部分中心城市的人口逐渐向拥有低密度、独立住宅、良好的生活环境的郊区迁移流动，出现了大量城市人口郊区化的现象。20 世纪 70 年代初，美国城市化水平较高（波士顿、华盛顿、费城等）的一些城市，80% 的新建住宅主要分布于城市郊区。

3. 美国城市化的后期阶段

1971 年至今为美国城市化发展成熟、自我完善的阶段。"二战"后，在高科技革命的推动下，1970 年美国城市化水平达到 73.6%，从而实现了城市化。有资料显示，1970～1980 年，美国的城市化率从 73.6% 缓慢上升至 73.7%，仅增长了 0.1%，这不仅说明城市化水平进入成熟阶段以后，上升趋势明显减弱，还表明了城市化水平步入稳定阶段后，城乡人口的数量之比相应地趋于稳定状态。随着城市化的发展，人口迁移的方向以大都市和市郊为主，中西部的人口持续减少，西部的人口迁出增加。有资料显示，1970 年美国居住在大都市区的人口比例为 68.6%，1990 年增加至 77.7%，20 年间上升了 9.1 个百分点，而居住在非大都市的人口比例在下降，说明非大都市的人口逐渐向大都市区转移，也表明这一阶段城市化发展的主要特征是"去城市化"和小城镇的迅速发展。2010～2017 年，美国人口流动的总体趋势表现为：一方面，城市人口比例继续增长，乡村人口继续向城市流动，城市人口比例持续上升，美国城市人口占总人口的比例已经超过 80%。另一方面，大都会区继续聚集更高比例的人口。2017 年，美国 20 个大都会区人口数量为 1.2464 亿人，占美国总人口的 38.3%，相当于美国大约每 100 人中就有 40 人生活在 20 个大都会区。2010～2017 年，美国 10 个大都会区人口增加了 548 万人，比例上升了 0.3%。2010 年前 10 个大都会区人口为 8121 万人，占总人口的 26.3%；而 2017 年前 10 个大都会区人口为 8669 万人，占美国总人口的 26.6%。《2017 年全美搬迁研究》的数据显示，美国东北部和中部的人口较多地向西部和南部搬迁。1975～1985 年，美国东北部及中部地区的老年人口净流失 34.4 万人，中部地区净流失 20.92 万人，而西部和南部的净迁入规模达到 55.5 万人。

二、日本城市化发展过程中的人口迁移

日本的城市化发展比一些西方国家晚百余年，直到 1940 年日本城市化水平仍落后于当时的欧美工业化国家。但是在快速工业化的带动下，其城市化进程加快，仅用了 50 年的时间就完成了欧美国家 100 年的城市化进程，达到了西方发达国家的城市化水平，是第一个实现国家城市化的亚洲国家。

明治维新后，日本开始城市化发展，1970 年基本完成城市化，用时约 100 年，其中"一战"后 20 年的时间，城市化水平翻一番。

1. 日本城市化的初期阶段

日本在 1868~1930 年处于城市化起步阶段。日本是一个农业国，1868 年明治维新后开始了工业化，从农业国逐步向工业国转变，工业革命的发展促进了城市化的发展，大量人口涌入城市，形成了城市化发展的初期阶段。其城市人口由 1890 年的 320 万人增加至 1920 年的 1010 万人，城市化率由 7.8% 上升至 18%（见图 1-2）。1930 年，日本的城市人口达到了 1544 万人，占全国总人口的比重达 24%，说明绝大部分的人口仍然生活在农村地区。有资料显示，1920~1930 年日本仅有近 25% 的人口居住在城市。

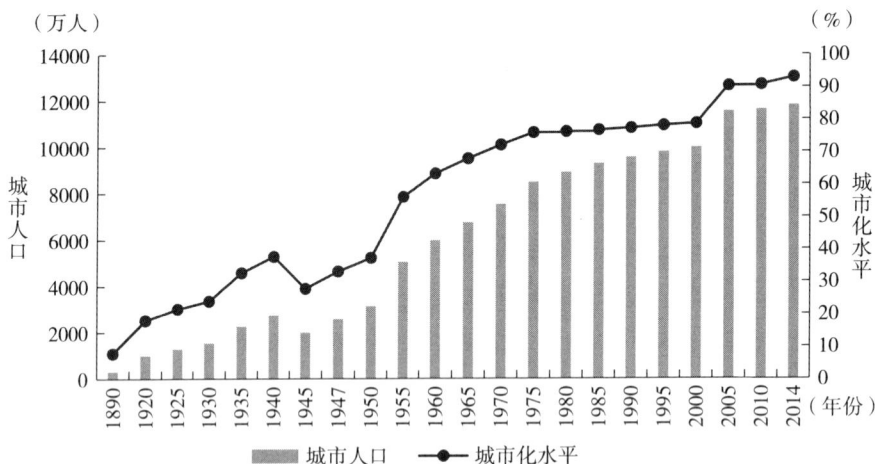

图 1-2　1890~2014 年日本城市化水平

注：部分数据来源于王桂新[1]，日本总务省统计局网站。

资料来源：[1]王桂新. 中日两国人口分布、迁移与城市化之比较 [J]. 华东师范大学学报（哲学社会科学版），2002, 34（2）：110-117.

2. 日本城市化的中期阶段

日本在 1931~1975 年处于城市化发展的中期阶段。1935 年城市化率超过 30%，达到 32.7%，标志着日本的城市化进入快速发展阶段。1931~1940 年，日本城市人口年均增长率超过 1%。1940~1945 年，日本城市化进程受阻，出现了负增长，增速也放缓了，城市化水平从 37.7% 降至 27.8%，下降了 9.9 个百分点，主要是因为"二战"消耗了大量的财力、人力和物力，致使经济萧条，大量城市居民迁居农村地区，从而减缓了城市化的发展。1946~1975 年，日本城市化处于加速阶段。"二战"后日本政府采取一系列措施恢复经济，城市人口增长较快，1950 年城市人口增加至 3140 万人，城市化水平也恢复至 37.3%。1955年，日本城市化水平快速上升至 56.1%，与 1950 年相比，增长了 18.8%，平均增长了 3.76%，并且 1955 年城市人口首次超过农村人口，城市数量增加至 491个，大量农村人口聚集流向东京、大阪、名古屋都市圈，形成了太平洋、阪神、京叶和东海四个工业地带，推动了城市化的进程，城市化发展水平迅速提高。1955~1970 年，日本城市化水平继续增长，从 56.1% 增长至 72.1%，增长了16.0 个百分点，平均增长 1.07 个百分点，推动大城市不断地外延、扩张，逐渐形成了以大城市为中心的卫星城市。1975 年日本大约有 76% 的人口居住在城市中，并且人口持续向东京、大阪、名古屋三大都市圈聚集。其中东京都的人口占比从 19 世纪 70 年代的不足 3% 迅速增加至 20 世纪 60 年代的 11%，人口流入特征明显。有资料显示，1965~1975 年三大都市圈的人口增加 1500 万人，占全国总人口的比重达到 44.9%。

3. 日本城市化的后期阶段

日本从 1976 年至今处于城市化的后期稳定阶段。1973 年以后，日本的城市化进程已经接近完成，人口再生产的模式也发生转换。日本在这一时期受到石油危机、泡沫经济等影响，城市化进程缓慢，城市化发展逐渐趋于饱和。一方面，企业为了降低生产成本，将工厂迁离大都市，搬到周边地区，劳动力也随之向周边中小城市及农村流动，城市化开始从集中转向分散；另一方面，"大城市病"问题日益突出，又出现了人口由大都市向周边农村迁移的"逆城市化"现象，致使城市化进程缓慢，城市人口增长缓慢。1970 年以后，日本三大都市圈的人口不断流出，出现了"逆城市化"的现象。同时这一时期东京都的人口基本处于流出状态。20 世纪 90 年代至今，东京都的人口仍然呈上升趋势，尽管速度明显减缓了，东京都依然是人口的聚集中心。

三、英国城市化发展过程中的人口迁移

工业化开启了英国的城市化进程，原来农村的剩余劳动力进入工厂，工厂聚集、增多，新的城市不断产生、壮大，人口快速向大城市集中，城市化率大幅提升，城乡进入共生发展阶段。在工业革命的推动下，英国成为世界上较早经历快速城市化的国家。

1. 英国城市化的初期阶段

根据世界银行数据，1520~1600 年为英国城市化进程的不均衡发展阶段，城市人口从 12.5 万人上升至 33.5 万人，城市化率从 5.25% 增加至 8.25%（见图 1-3）。具体来说，1600 年 33.5 万的城市人口中，首都伦敦就有 20 万人，其他城市只有 13.5 万人，整体的城市化率为 8.25%，伦敦的城市化率达到 5.00%，说明英国的城市化发展处于萌发状态。

1600~1700 年英国进入全面发展时期，城市人口由 33.5 万人提高到 85 万人，城市人口占比也由 8.25% 快速增加至 17.00%（见图 1-3）。同时，伦敦的人口增长也在加速，1700 年伦敦城市人口上升至 57.5 万人，城市人口占比增加至 11.50%。另外，其他中小城市数量和规模也有大幅度的提升，1700 年其他中小城市人口上升至 27.5 万人，城市人口占比增加至 5.50%，说明城市化从低到高的发展趋势。

1700~1801 年，英国中小城市迅速发展，城市化率跃升至 33.80%。伦敦的城市人口上升至 96 万人，而城市人口占比下降至 11.00%，与此同时，英国中小城市飞速发展，增长速度超过了伦敦，城市人口由 1700 年的 27.5 万人增加至 1801 年的 238 万人，城市人口占比由 1700 年的 5.50% 快速跃升至 1801 年的 16.50%，说明伦敦在全国的中心地位并没有改变，但是中小城市快速发展的趋势是不可阻挡的。1750 年，英国 2500 人以上的城市人口仅占全国总人口的 25%。

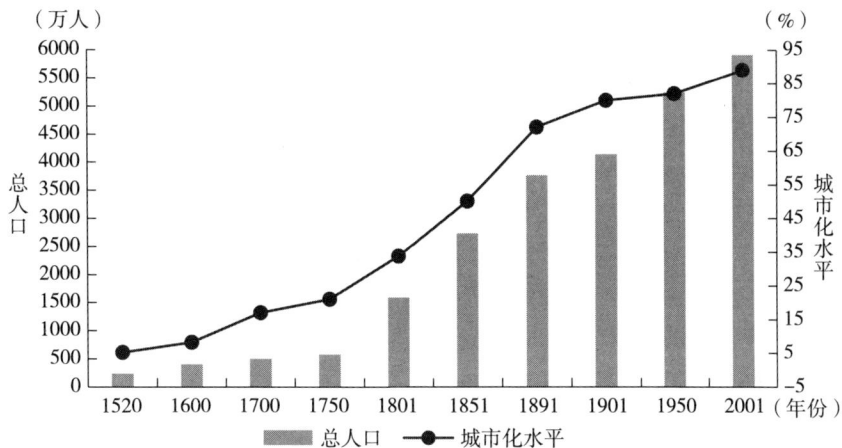

图1-3　1520~2001年英国城市化水平增长情况

注：部分数据来源于康永信[1]，1960~2001年的数据来自于世界银行网站。

资料来源：①康永信. 中国特色城镇化道路国际经验借鉴［D］. 云南财经大学硕士学位论文，2013.

2. 英国城市化的中期阶段

1801~1851年，英国的城市化率从33.80%上升至50.20%（见图1-3），而农村人口则从一个半世纪前的70.00%下降至49.80%，城市化已基本实现。1800~1837年，英格兰和威尔士地区超过10万人的大城市从1座（伦敦）迅速增加至6座。到1850年，英格兰和威尔士地区的城市化率已达到50%，其中伦敦居住着240万人。

3. 英国城市化的后期阶段

1891年，英国的城市化水平已达到72.1%，1901年继续上升至80%，实现了高度城市化。这一时期也是城市化快速扩张的阶段，表现为人口向大都市、城镇聚集。同时19世纪铁路交通修建的影响，推动了城市化、工业化的进程，形成了以城市带、城市群以及都市圈为主要形式的城市布局。

四、韩国城市化发展过程中的人口迁移

韩国作为亚洲四小龙之一，城市化快速发展始于 1960 年，用不到 40 年的时间，快速地实现了城市化，1990 年城市化率达到 73.8%，自此进入城市化高度发展的阶段。

1. 韩国城市化的初期阶段

根据世界银行数据，1965 年以前为韩国城市化初期阶段。1930~1950 年，韩国城市化率由 5% 增加至 21.4%，增长了 16.4 个百分点，城市化发展进入起步阶段（见图 1-4）。20 世纪 60 年代中期，韩国开始了城市化和工业化，大量人口从乡村迁移到城市，1965 年城镇化水平达到 32%。1960 年，首尔人口为 157 万人，形成了以首尔为核心的首都圈。

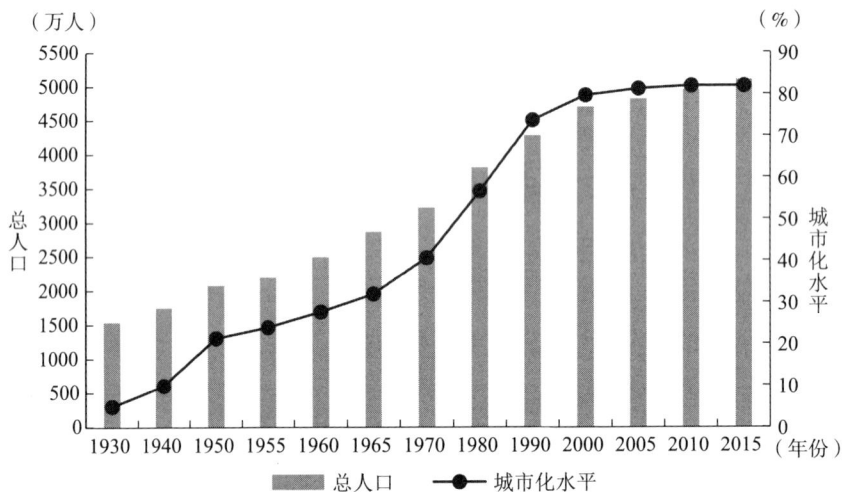

图 1-4　1930~2015 年韩国城市化水平

注：部分数据来源于白先春[1]，1960~2015 年的数据来自于世界银行网站。

资料来源：①白先春. 城市化发展的国际比较与经验借鉴 [J]. 南京财经大学学报，2014（4）：9-14.

2. 韩国城市化的中期阶段

1965~1989 年是城市化加速发展比较明显的阶段。1960~1980 年韩国城市化率由 27.7% 增加至 56.7%（见图 1-4），20 年城市化率提高一倍，人口迁移流动也在不断增加。1965~1970 年，首尔的迁移人口占比为 80.8%，1975~1980 年这一比例下降至 66.8%，1985~1990 年继续降低至 53.6%。伴随着工业化的发展，人口从农村流向城市，从中小城市流向大城市，从大城市流向首尔都市区，进一步加速了城市化的发展。

3. 韩国城市化的后期阶段

1990 年韩国城市化率达到 73.8%，基本完成城市化，1995 年又上升到 78.6%，2000 年发展到 79.7%（见图 1-4），与北美、日本、欧盟发达国家的城市化水平完全接轨。有资料显示，1990 年首尔大都市区以 0.6% 的国土面积集聚了韩国约一半的人口，首尔的常住人口超过 1000 万人。从 1995 年开始韩国人口迁移流动略微降低，1997 年开始的经济衰退导致人口迁移流动下降。1995~2000 年的统计资料显示，道际迁移人口的占比为 55.5%，同一道之内的市和郡之间的迁移人口的占比为 43.2%，迁移到国外人口的占比为 1.4%，主要是因为首尔、釜山等大城市的都市化运动致使都市圈内郊区的发展明显。从流动方向来看，1995~2000 年约有 110 万人从首尔流动到京畿道，首尔总迁出人口占比高达 66.3%，而只有约 43 万人从京畿道迁到首尔，说明郊区及首尔周边地区的发展较快。

第三节　城市化发展的国际经验借鉴

目前，我国的城镇化已经由高速度发展转向高质量发展的关键阶段，而发达国家已处于城市化发展的成熟、稳定时期，因此学习和借鉴国外城市化发展中的历史经验，对于我国新型城镇化的顺利推进具有重要的参考价值。

一、强化城市规划的立法和统筹实施

城市化发展是一项系统工程，既要考虑城市化与工业化、经济发展的问题，又要统筹解决城乡关系、环境、文化等城市化发展中的问题，因此，要以统一完善的城市规划体系来统筹城乡协调发展，并以立法形式来保证城市规划的贯彻实施。西方发达国家城市化发展的实践经验表明，完善的城市规划有效地推动了城市化健康发展，以立法形式实施规划为政府协调各方有效行使权力提供了有力保障。

英国作为较早启动城市化的国家，也是世界上较早建立城市发展规划的国家。1909 年颁布了《住宅、城镇规划条例》《住宅与城镇规划法》等，1946 年出台了《新城法案》，1947 年颁布了《英国城镇和乡村规划法》，2004 年重修了《城乡规划法》等。同时，其颁布实施了多部有关环境、健康、住宅等方面的法律，强调中央集中统一规划与地方公众民主参与相结合，积极干预、解决城市化发展中的问题，有效地推动了城市化发展进程。美国重视规划的权威性、科学性、民主性，形成了一套科学合理、层次分明、相对完整的城市体系，在大城市周围布局很多小城市，小城市依托于大城市的辐射带动而实现快速发展，实现了小城市与大城市的功能互补。法国通过统一规划，推动对旧市区的保护和更新，同时积极发展新城镇，通过对中小城市特别是小城镇的建设辐射带动农村的发展。在推进新型城镇化建设的过程中，我国也应强化城镇化在不同发展阶段的发展规划及立法，统筹各方面的力量，合理确定城市空间布局、规模等，促进大型、中型、小型城市和小城镇协调发展，同时提高政策的可执行性和约束性，切实推动城镇化高质量发展。

二、有序推动农村劳动力转移

农村劳动力的有序转移是城市化健康发展的稳定器。很多国家城市化发展的经验表明，推动农村转移人口市民化，解决就业、住房、社会保障、子女教育等问题对于顺利推进城镇化发展具有重要作用。德国重视职业教育，推行完备的职业训练，以适应城市职业的需要。日本也重视农村的职业教育，鼓励企业、社会团体开展岗前培训，加强了职业介绍。美国通过 1934 年制定的《临时住房法案》和 1938 年补充修订的住房法案来解决和保障流动人口、失业者以及低收入群体的住房问题，促使农村劳动力的有序转移。日本也十分重视为流动转移人口提供住房保障，通过制定完善的住房规划，并成立专门的住宅局负责解决中低收入群体的住房问题。德国通过在企业周边建造福利房、公租房等形式，为流动至城市的农村劳动力提供基本的住房保障。在推进以人为核心的新型城镇化建设过程中，我国要继续改革、完善并落实户籍制度，实现基本公共服务均等化保障，提高农业转移人口就业、创业能力，健全农业转移人口市民化的政策机制。

三、农业现代化带动城市化

发达国家城市化发展的经验表明，农业现代化的发展，可以为工业化和城市化发展提供强有力的产业基础和支持。美国在城市化过程中重视农业的重要地位，坚持以农民为中心的发展理念，在工业反哺农业、对农业实行保护政策、加大对农业的补贴、注重农业的技术进步等方面建立完善的农业政策保障体系，实现了城乡无差异发展以及农业现代化与城市化协调发展。1996 年实施的《联邦农业改进与改革法案》（FAIR）明确表明，政府鼓励农民自由开展农作物种植，并给予一定程度的农业补贴，以此来保障农民增收和农业生产。美国也重视农村地区的基础设施建设，在农村地区不断改善供电、供水、排水等设施，不断完善农村的社会保障体系。美国还重视农民职业技能教育，要求全社会重视支持合作教育，在公立学校中开展中等农业职业教育，使职业教育面向劳动力市场。日本采用"工业反哺农业"的发展模式，出台一系列法律、政策促进农业和农村的发展，加速实现农业现代化，进而促进城市化的发展。日本的农业协同组织对农村、农业、农民的发展发挥了相当重要的作用。它是一个法制化的民营组织，在农业生产的产、供、销等各个环节实现了一体化经营，还为农民提供金融、社会保障等服务，日本99%左右的农民都是这个协会的会员。同时，日本最突出的是"造村运动"，简单来说是"一村一品"运动，即各个地区依托于当地的自身优势发展特色农业，最终形成以农业特色产品为主的农村发展模式，从而带动各个地区的经济发展。韩国同样重视农业现代化的发展，在城镇化发展的不同阶段开展了相应的土地变更制度，颁布了以保护为主的农业生产、价格和环境政策，并通过实施"新村运动"提高了农民生产的积极性和生活质量，促进了农业的发展。开展农技培训、"新农业计划"和"农业与渔业开发计划"，加强农业研究工作，建立一批实验室和研究中心，重视对农业、农村、农民的发展，实现城市化发展。

四、推进城乡融合发展

城镇化是一个不断破解城乡二元结构，逐步实现城乡融合发展的过程。各国城市化发展经验告诉我们，城市和乡村应互为补充、互为资源、互为保障、互为市场、相互促进、相互融合，达到和谐发展的目标。

韩国建立并实行统一的社会保障体系，城市居民和农村居民在社会保险、养老保险、医疗保障、公共救助等方面享有同样的待遇，其中社会保险中"国民年金"的覆盖面也扩大到了农村和渔民。德国联邦政府积极通过财政和金融政策，支持落后地区发展，如从20世纪50年代起将落后的农业区、西柏林及东部边境地区纳入中央财政平衡政策范围，建立大都市支援小村镇发展的援助机制，加大财政对农业的支持力度，改善农村投资环境和基础设施，逐步缩小城乡差别。美国不仅持续增加乡村医疗投入，使城乡居民医疗保障基本一致，政府还通过在农村地区建设基础医疗设施来保障农村的基本医疗，在保障城乡居民享受相同医疗保险待遇的同时，对农民还有额外照顾，针对弱势群体（少年儿童、农村贫困家庭等）开展免费的医疗服务，来保障农村居民的基本医疗需求。此外，美国在教育领域实施免费的义务教育，在失业保障方面为城乡失业人员提供救济金并加强培训等。日本建立了城乡一体化的社会保障体系，城市居民和农村居民在社会保障、房籍、养老、医疗保险等方面享有同等待遇。日本颁布的《生活保护法》为弱势群体提供最低生活保障金以及就业支援，《国民年金法》也将农民、个体自营者纳入社会保险体系中，并提供了基本的社会保障，1961 年实施的《国民健康保险法》《国民养老金法》，标志着以农村养老保险为支柱的农村社会保障体系的建立；为了实现基础教育的机会均等，1947 年颁布的《基本教育法》《学校教育法》，也推动了农村基础教育的发展，也重视农村的职业教育。建立城乡基本均等的教育、医疗、就业、社会保障等公共服务体系，不仅实现了城乡之间的融合与发展，在一定程度上也维护了社会的稳定。

第二章 人口变化下我国城镇化发展态势

第一节 我国人口规模及布局变化

人口规模和布局趋势的变化，将对我国未来的城镇化发展产生重要的影响。改革开放以来，我国的人口发展经历了漫长的变化过程，其规模、结构和布局发生了很大的变化，目前我国的人口发展已进入了新的阶段。本书基于人口普查结果、1%人口抽样调查结果、统计年鉴和相关数据库，对我国人口规模和布局情况进行分析，总结出我国人口规模与布局的阶段性特征，具体表现为以下几方面：一是我国的人口规模庞大、数量持续增加，但人口规模已处于持续的低增长中，增速趋于下降，并即将进入负增长状态，主要是因为生育率下降导致人口增长速度放缓；二是我国的城镇人口数量快速增加，人口城市化水平大幅度提高，城市化进入快速发展阶段，人口质量大幅提升；三是我国的人口布局呈现区域性的变化特征，人口主要由经济不发达地区迁移流动至经济发达地区，由农村地区迁移流动至城镇地区，人口发展随同其他要素向城市群的核心城市和中心城区的流动和集聚更为明显。

一、我国人口规模分析

1949~1973 年，我国的总人口规模迅速增长。这一阶段的人口自然增长率在

20‰以上，人口数量由54167万人增加至89211万人，增加了35044万人（见表2-1），年均增速约2.1%。其中，1973年人口规模约为同期美国人口的4.2倍、印度人口的1.5倍。除三年困难时期外，1949年至计划生育政策全面实施之前，我国人口自然增长率基本维持在20‰以上，1950年的人口规模达到55196万人，人口规模整体呈现快速增长的态势。有数据显示，我国人口增长率从1949年的16‰快速上升至20世纪50年代中期的23‰~24‰，年均增加人数也从1949年的1000万人增加到1957年的1479万人。中华人民共和国成立之初的五年，我国的人口出生率维持在37‰，1958年波动至29.22‰。受经济发展水平的影响，1961年我国的人口出生率下降至18.02‰。由于补偿性生育，1962年我国的人口出生率增加到37.01‰，当年出生人数达2700万人左右，1963年人口出生率上升至43.37‰，1963年出生人数高达2954万人，之后开始逐步回落，1973年人口出生率下降到27.93‰。同时，我国20世纪40年代总生育率平均为5.44，50年代平均为5.87，60年代平均为5.68，远远超过世代更替水平的2.1。此外，这一阶段的城镇人口增长也较快，由1949年的5765万人上升至1973年的15345万人（见表2-1），增加了1.66倍，即增加了9580万人，年均增速约4.16%，常住人口城镇化率也由1949年的10.64%上升到1973年的17.2%。

表2-1　1949~2019年我国总人口和城镇人口统计　　　单位：万人

年份	总人口数量	城镇人口数量
1949	54167	5765
1950	55196	6169
1951	56300	6632
1955	61465	8285
1960	66207	13073
1965	72538	13045
1970	82992	14424
1971	85229	14711
1972	87177	14935
1973	89211	15345
1974	90859	15595

续表

年份	总人口数量	城镇人口数量
1975	92420	16030
1976	93717	16341
1977	94974	16669
1978	96259	17245
1979	97542	18495
1980	98705	19140
1981	100072	20171
1982	101654	21480
1983	103008	22274
1984	104357	24017
1985	105851	25094
1986	107507	26366
1987	109300	27674
1988	111026	28661
1989	112704	29540
1990	114333	30195
1991	115823	31203
1992	117171	32175
1993	118517	33173
1994	119850	34169
1995	121121	35174
1996	122389	37304
1997	123626	39449
1998	124761	41608
1999	125786	43748
2000	126743	45906
2001	127627	48064
2002	128453	50212
2003	129227	52376
2004	129988	54283
2005	130756	56212
2006	131448	58288

续表

年份	总人口数量	城镇人口数量
2007	132129	60633
2008	132802	62403
2009	133450	64512
2010	134091	66978
2011	134735	69079
2012	135404	71182
2013	136072	73111
2014	136782	74916
2015	137462	77116
2016	138271	79298
2017	139008	81347
2018	139538	83137
2019	140005	84843

资料来源:《中国统计年鉴 (2020)》。

1974~1997 年, 我国的人口增速变缓。这一阶段我国采取各种措施鼓励计划生育, 导致总和生育率降幅明显, 但人口规模依然增长。虽然我国的总生育率从 1974 年的 4.2 降至 1997 年的 2.8, 但是仍然明显高于世代更替水平 2.1, 同时人口自然增长率维持在 10‰~20‰, 从而推动了人口的增长。我国的人口数量由 90859 万人增加至 123626 万人, 增加了 32767 万人 (3.2767 亿人), 年均增速为 1.3%。同时期的美国从 1974 年的 2.14 亿人增加到 1997 年的 2.73 亿人, 人口增量为 0.59 亿人, 年均增速 1.1%; 印度则从 1974 年的 6.07 亿人增加到 1997 年的 9.98 亿人, 人口增量 3.91 亿人, 年均增速 2.2%。[1] 这一阶段, 我国城镇化发展由初级阶段步入快速增长时期, 受各方面因素的影响, 城镇人口的年均增长速度出现了较大的波动, 但城镇人口年均增速依然远高于总人口的年均增长速度, 由 1974 年的 15595 万人上升至 1997 年的 39449 万人, 增加了 1.53 倍, 即增加了 23854 万人, 平均增速高达 6.65%, 常住人口城镇化率也由 1974 年的 17.16% 上

---

① 尹德挺, 张萍, 张锋. 新中国七十年我国人口规模变迁 [J]. 人口与健康, 2019 (6): 16-22.

升到 1997 年的 31.91%。

1998~2019 年，我国人口低速惯性增长，年均增速进一步变缓。这一阶段的人口自然增长率在 10‰以下，人口数量由 124761 万人上升至 140005 万人（见表 2-1），人口增量为 1.52 亿人，年均增速下降至 0.55%（见图 2-1）。1998 年，我国人口自然增长率首次降至 10‰以下。随着计划生育工作的不断完善，出生率由 1998 年的 15.64‰降低到 2004 年的 12.29‰，六年下降了 3.35‰，2005~2015 年基本维持在 11.9‰~12.5‰的低水平。在二孩政策的推动下，2014 年和2016 年的出生率出现了小高峰，分别为 12.37‰和 12.95‰，但 2018 年的人口出生率又下降至 10.94‰。

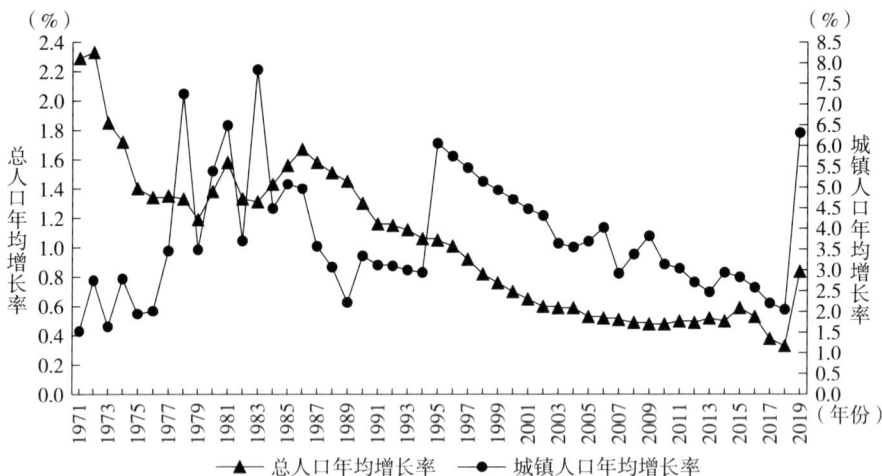

图 2-1　1971~2019 年我国总人口年均增长速度和城镇人口年均增长速度对比

资料来源：由中国国家统计局《中国统计年鉴（2020）》中的总人口数据和城镇人口数据核算所得。

第七次全国人口普查结果显示，2020 年我国有 14.1 亿人，依然是世界上第一人口大国。我国的人口仍然保持了平稳增长，但增速已显著放缓。我国人口总量从 1949 年的 5.4 亿人增加至 1990 年的 11.4 亿人，平均每 10 年增长 1.5 亿人；1990~2000 年增加了 1.2 亿人；2000~2010 年增长了 7348 万人，年平均增长率为 0.57%；2010~2020 年增加了 7121 万人，年平均增长率为 0.52%。尽管这一阶段的城镇人口年均增速有所降低，但远远超过总人口年均增长率，城镇化发展依然迅速，城镇人口数量由 1998 年的 41608 万人上升至 2019 年的 84843 万人，

增加了 1 倍多，年均增速达到 3.45%，常住人口城镇化率也由 1998 年的 33.35%
上升到 2019 年的 60.60%。

二、我国人口布局变化

改革开放 40 多年来，我国的城镇化发展取得了一定的成绩，与之紧密相关
的人口分布格局也发生了明显变化，表现出新的显著特征。

一是基本保持"东多西少、东密西疏"的人口布局，胡焕庸线东侧人口占
比略降。1990 年胡焕庸认为我国不同的经济发展水平、自然环境、社会历史条
件会造成人口分布的失衡。胡焕庸线东西两侧人口占比由 1935 年的 24∶1 调整
至改革开放以来的 15∶1，保持相对稳定的状态。我国东西两地的人口分布差异
明显，基本保持"东多西少、东密西疏"的人口布局。改革开放之后，尽管胡
焕庸线东西两侧人口比值基本保持在 15∶1 的范围之内，但是胡焕庸线东侧的人
口占比稍有下降，从 1982 年的 94.23% 下降至 1990 年的 94.13%，再降至 2000
年的 93.89%，继续下降至 2010 年的 93.68%，同时胡焕庸线西侧的人口占比从
1982 年的 5.77% 上升至 1990 年的 5.87%，2000 年增加到 6.11%，到 2010 年继
续增加至 6.32%。同时，胡焕庸线东西两侧的人口密度的比值略有下降，相对差
距保持基本稳定的发展态势。1982 年、1990 年、2000 年和 2010 年胡焕庸线东西
两侧人口密度的比值分别为 21.28、20.89、20.03、19.33。因为自然条件、城市
发展阶段等不同，所以人口很难实现均匀分布。随着我国西部大开发的深入、中
西部地区的崛起等新要素的融入，新型城镇化进程的推进将成为突破胡焕庸线的
重要契机，实现动态均衡发展成为未来区域发展的方向。

二是人口流动具有"东进""南下"的显著特征。改革开放以来，我国的区
域人口流动占全国流动人口比例的变动较大，从 1982~2015 年的数据来看，东
部地区流动人口的占比从 34.05% 上升至 51.24%，增长了 17.19 个百分点；西
部、中部、东北部三个区域的人口占比同期均有下降，其中东北地区的变化最大
（下降了 10.43%），中部地区次之（下降了 6.49%），西部地区基本保持稳定
（见表 2-2）。从分布范围看，人口流动的方向主要是"东进"，但态势有所减

弱。从 2010~2015 年区域流动人口的数据来看，东部地区流动人口的占比从
56.17% 下降至 51.24%，下降了 4.93%，而中部和西部地区流动人口的占比有所
上升，分别由 16.09%、21.54% 增加到 19.02%、23.34%，分别增长了 2.93%、
1.8%，这说明西部大开发、中部崛起等战略有力推动了中部和西部的城镇化发
展，致使中西部地区对流动人口的吸引力逐步增强，东北地区流动人口的全国占
比整体呈下降趋势，所以东北地区需要进一步提升人口吸引力。

表 2-2　1982~2015 年我国区域人口流动（流入地）
占全国流动人口比例　　　　　　　单位：%

	1982 年	1990 年	2000 年	2010 年	2015 年	1982~2015 年变动量
东部	34.05	45.40	53.90	56.17	51.24	17.19
中部	25.51	20.97	15.92	16.09	19.02	-6.49
西部	23.68	21.82	22.65	21.54	23.34	-0.34
东北部	16.80	11.97	7.55	6.09	6.37	-10.43

资料来源：1982 年第三次全国人口普查、1990 年第四次全国人口普查、2000 年第五次全国人口普查、2010 年第六次全国人口普查以及 2015 年全国 1% 人口抽样调查数据。

从省级层面来看，人口流动"南下"的特征明显。改革开放初期，我国流
动人口基本聚集在北方地区。有数据显示，1982 年东北三省流动人口占全国流
动人口的比重达到 16.80%，其中辽宁省的流动人口占比为 4.37%，吉林省为
3.83%，黑龙江省更是高达 8.60%，位居全国之首，说明东北三省是流动人口相
对比较集中的省份；2015 年东北三省流动人口占全国流动人口的比重已下降至
6.37%，特别是黑龙江省在全国的排名已降至 25 位，说明东北三省对流动人口
的吸引力在逐步减弱。改革开放以来，长三角、珠三角等城市群逐渐成为流动人
口的聚集地，人口大量流向东部沿海地区。1982~2015 年，广东、江苏、浙江三
省以及上海市的流动人口占比之和迅速上升，由 16.5% 增至 31.86%，并且自
1990 年以来，广东省已成为吸纳流动人口最多的省份，2000 年吸纳流动人口的
占比达到 20.87%，紧随其后的是江苏省和浙江省，2015 年的流动人口占比分别
为 6.63% 和 6.57%，同时上海市的排名也从 1982 年的第 19 名跃升至 2015 年的
第 6 名。南方省市对流动人口的吸引力在持续增强，逐渐成为东部地区流动人口
的聚集地。有资料显示，1979~2016 年，广州、东莞、深圳的人口占广东省总人

口的比例分别增长了 3.17%、5.33%、10.22%。、

三是城市群不断崛起，人口空间分布主要集中于城市群内的核心城市的中心城区。以城市群为主体的城镇化空间战略是我国城市长期发展的结果，城市群和中心城市成为人口空间分布的主要聚集区，目前城市群的人口占比已超过全国的六成。改革开放以来，我国城市化战略经历了小城镇、大城市、城市群的发展过程。2010 年，我国城市群所在区域面积占全国总面积的 25.82%，但总人口占全国的比重达到 62.83%，GDP 占比更是高达 80.57%。1990~2010 年，珠三角、长三角、京津冀三个城市群的流动人口之和占全国的比重由 16.62% 迅速上升至41.27%，并且珠三角是吸收流动人口最多的城市群，2010 年为 16.71%（见表 2-3）。这三个城市群也是我国经济最有活力、开放程度最高、吸纳流动人口最多的地区。

表 2-3　1990 年、2000 年和 2010 年我国城市群与非城市群地区
流动人口占全国人口比例变化　　　　单位：%

地区		1990 年	2000 年	2010 年
城市群	珠三角	6.00	24.56	16.71
	长三角	6.16	12.86	16.68
	京津冀	4.46	5.47	7.88
	山东半岛	2.60	2.44	3.18
	海峡西岸	1.12	3.80	3.81
	辽中南	3.04	2.51	2.49
	长江中游	4.01	3.09	3.46
	成渝	3.92	3.23	4.85
	天山北坡	0.77	1.03	0.98
	关中	1.51	0.78	1.19
	中原	2.07	1.48	1.80
	晋中	0.86	0.55	0.69
	哈长	2.39	1.75	1.76
	江淮	1.68	0.93	1.45
	北部湾	0.72	0.70	0.97
	宁夏沿黄	0.41	0.35	0.42

地区		1990 年	2000 年	2010 年
城市群	滇中	0.91	1.54	1.00
	兰西	0.97	0.60	0.72
	呼包鄂榆	0.63	0.92	1.22
	黔中	1.00	1.02	0.96
非城市群		17.26	15.06	16.65

资料来源：1990 年第四次全国人口普查、2000 年第五次全国人口普查、2010 年第六次全国人口普查以及中国国家统计局《中国统计年鉴（2020）》。

核心城市在城市群中分布的特征明显。珠三角、长三角、京津冀三大城市群的人口逐步向核心城市聚集。北京市在京津冀城市群的人口占比从 1987 年的13.8%上升至 2016 年的 19.56%，增长了 5.76%，同期天津也从 10.96%提升至14.06%，增长了 3.1 个百分点。

另外，大城市人口呈现出"内密外疏"的空间分布格局，1982~2016 年，北京市中心城区常住人口占全市常住人口总量的比值从 45%上升至 57.41%，增加了 12.41%。2016 年，上海市中心城区的常住人口占比高达 51.23%；天津市中心城区聚集了 38.65%的常住人口；广州市中心城区也聚集了 37.76%的常住人口，说明大城市中心城区的常住人口分布相对密集，吸收人口的能力也比较强。

第二节　我国城镇化进程中的人口迁移流动

城镇化发展过程也是人口向城市的迁移流动过程，人口迁移流动成为城镇化发展的重要支撑。大规模的人口流动推动着城镇化的快速发展，同时城镇化水平的快速提升又反过来促进人口的迁移流动与集聚。1949 年以来，我国经历了历史上规模最大、速度最快的城镇化进程，也经历了人口迁移流动的探索实践和曲折发展的过程，城镇化发展取得了显著的成就，城市的经济实力不断增强，规模持续扩大，发展质量明显改善，城市建设也步入了新的发展阶段。人口的迁移流动加快了城镇化进程，也为城市经济的发展提供了有利的基础条件，成为影响我国经济社会发展的一个重要因素。特别是改革开放以来，人口向城市的大规模流动和人口空间分布的剧烈变动是我国社会经济发展主要的变化，规模庞大的人口在不同地区间频繁流动，形成了由乡村向城镇、由欠发达地区向发达地区的流动大潮。大量人口向城市迁移流动，在提升城镇化率的同时，也推动了城镇化的快速发展，为城镇的繁荣、发展做出了重大贡献。因此，准确把握我国城镇化进程中的人口迁移流动趋势对于推动新型城镇化建设、优化人口迁移流动政策具有重要的现实意义。

1949 年以来，我国的城镇化进程大体经历了计划经济时代缓慢发展的探索阶段（1949~1977 年）、解放生产力时期稳步快速的发展阶段（1978~2011 年）和现代化时期的高质量发展阶段（2012 年至今）。伴随着我国流动人口政策调整经历的逐步放开农民进城、要求公平对待流动人口、全面推进市民化三个阶段，流动人口的共享发展理念越来越深入人心。

一、人口向城市迁移的曲折发展阶段（1949~1977 年）

1949~1977 年，国家在探索实现经济发展的空间平衡，面临人口就业压力大、城市基础设施建设不足、城乡二元结构等方面的现实国情，我国城镇化发展基本服从于国家发展战略的需求，主要采取政府强制的、包办的、自上而下的模式，通过严格的户籍制度控制城市人口的规模，致使城镇化进程较缓慢。1949~1977 年，我国城镇人口占总人口的比重从 10.64% 缓慢增加到 17.55%（见图 2-2）。人口迁移流动受到城镇化政策的影响和干预，在国家政策指导下有计划进行的人口流动现象并不普遍，大部分迁移人口连同户籍关系一起变动，人户分离的流动人口比例很小。中华人民共和国的成立为城镇化发展提供了基础条件，也为人口流动提供可能和机会，1949~1957 年常住人口城镇化率由 10.64% 增加到 15.4%，城镇人口也由 5765 万人上升至 9949 万人，增加了 4184 万人（见图 2-2）。随着国民经济的迅速恢复重建，人口流动逐渐增多，城乡之间和工农业之间的人口比例较协调，大批农村劳动力获得了在城市就业的机会，农村人口大规模向城市转移，城市数量和城市人口持续增加，城镇化率稳步提高。尽管1958年出台的《中华人民共和国户口登记条例》限制了人口迁移流动，但是1949~1959年，城镇人口年均增长仍达7.73%，超过了全国总人口的增长速度（1.84%）和农村人口的增长速度（0.85%），农村人口的流动依然是城镇人口增加的主要因素，说明这一时期的农村人口流动客观上推动了城镇化的发展。

1958年大量农民炼钢炼铁、进城办工厂，人口流动明显增加，相对应的城镇人口也迅速上升，由1957年的9949万人增加到1960年的13073万人，猛增3000多万人，同时城镇化率也由15.4%快速上升至19.75%，表现出快速的、超负荷的城镇化趋势（见图2-2）。

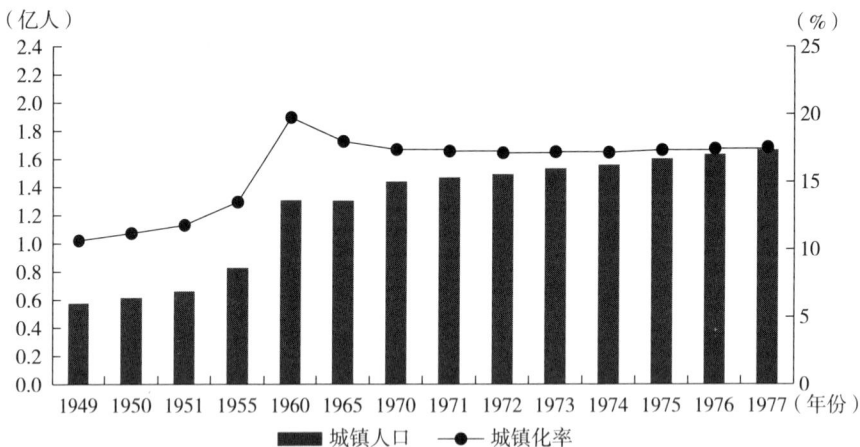

图 2-2 1949~1977 年中国城镇化水平变化趋势

资料来源：《中国统计年鉴（2020）》。

1961~1965年国民经济全面调整，出现了上山下乡的城镇化状况，城市经济紧缩，人口流动受到户籍政策的控制，城镇人口规模也受到限制，引导城市人口返回农村，城镇化水平有所波动，城镇化率由19.7%下降至16.8%，动员3000万人返回了农村，城镇人口的数量和城镇化水平重新回到正常状态，这一阶段也是对于前一阶段过度城镇化认识的纠正。

1966~1977年城镇化处于缓慢发展，甚至停滞不前的状态，城乡人口呈现对流发展状态，出现逆城市化现象，大约3000万的知识青年、职工等流动到农村。

有资料显示，知青下乡的数量从 1969 年的 267. 38 万人减少至 1970 年的 106. 4 万人，又从 1971 年的不足 100 万人快速增加至 1975 年的 236. 86 万人，之后逐渐减少。同时，城镇企事业单位大量从农村招工，数据显示，有约 2000 万人的农村人口借此机会变成了城市人口，城乡流动人口相抵后发现，有大约 500 万城镇人口净迁出，致使城镇化率基本保持在 17%～18% 的较低水平。

中华人民共和国成立初期，受到国家政策（工业布局、垦荒支援边疆等）的影响，我国人口流动大体呈现由中东部向中西部、由内陆向边疆、由人口稠密地区向人口稀疏地区移动的特征。这一时期年均净迁入人口相对较多的有新疆、黑龙江、陕西等地区；年均净迁出人口较多的大多是广东、山东、江苏等东部地区。

二、人口迁移的快速发展阶段（1978～2011 年）

改革开放后，国家提出三大地带理论，全面调整了区域发展政策，所以人口迁移流动的制度也相应调整，放宽了对人口流动的限制，使流动人口的数量迅速增加，规模不断扩大，主要由农村向城市流动，从西北向东南方向流动。改革开放 30 多年来我国的城镇化水平进入稳步快速发展阶段，城镇人口由 1978 年 1. 72 亿人增加到 2011 年的 6. 91 亿人，增加了 5. 19 亿人，2011 年常住人口城镇化率达到 51. 27%，比 1978 年末提高 33. 35 个百分点，平均每年提高 1 个百分点，人口流动规模空前（见图 2-3）。

1978 年，党的十一届三中全会做出了改革开放的重大决策，我国城镇化进程逐步回到正常的轨道，1980 年城镇化率增加到 19. 39%，接近于 1960 年的发展水平。1978～1992 年，我国城镇化率由 17. 92% 缓慢增加至 27. 46%，共增加了 9. 54 个百分点，城镇人口数量也由 1. 72 亿人增加至 3. 22 亿人。城镇化率由 1993 年的 27. 99% 上升至 2001 年的 37. 66%，城镇人口数量也从 3. 32 亿人增加到 2001 年的 4. 81 亿人。1979～1983 年为流动人口限制期，受到粮油供应、小城镇发展、乡镇企业吸收劳动力等政策措施的影响，农村人口的迁移流动受到控制。

随着农村经济体制改革的推进，农民进城政策逐步放开，人口流动的数量不断增加，规模不断扩大，占全国人口的比重也快速上升。1982～1990 年，我国流

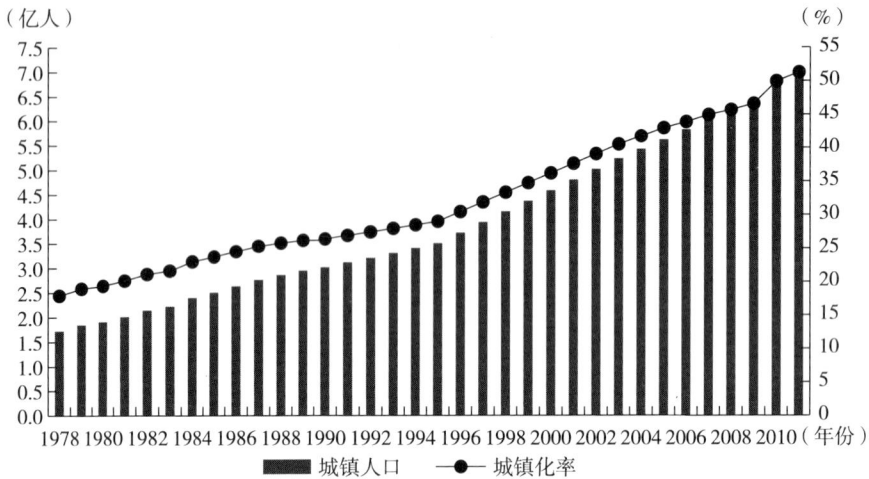

图 2-3   1978~2011 年中国城镇化水平变化趋势

资料来源:《中国统计年鉴（2020）》。

动人口规模从 657 万人增加至 2135 万人，逐年增多，年均增长约 15.87%，占总人口的比重从 0.65% 上升到 1.87%，平均每年增加约 185 万人，并且流动人口以青壮年的劳动年龄人口为主（见表 2-4）。有资料显示，1982 年 16~59 岁劳动年龄人口占流动人口的比重为 53.3%，1982~1990 年青壮年流动劳动力的比例上升了 24.1%，1990~2010 年青壮年流动劳动力基本稳定在 70% 左右（见表 2-5）。

表 2-4   1978~2011 年全国流动人口数量和流动人口占全国人口比重统计

年份	总人口（亿人）	流动人口占全国人口比重（%）	流动人口数量（亿人）
1982	10.1654	0.65	0.07
1987	10.93	1.66	0.18
1990	11.4333	1.87	0.21
1995	12.1121	5.84	0.71
2000	12.6743	9.57	1.21
2005	13.0756	11.27	1.47
2010	13.4091	16.51	2.21
2011	13.4735	17.07	2.30

资料来源:1982 年第三次全国人口普查、1990 年第四次全国人口普查、2000 年第五次全国人口普查、2005 年全国 1% 人口抽样调查、2010 年第六次全国人口普查以及中国国家统计局《中国统计年鉴（2020）》。

表 2-5　1982~2010 年流动人口年龄构成

		1982 年	1990 年	2000 年	2005 年	2010 年
年龄分布（%）	0-15 岁	35.4	17.3	14.9	13.5	11.6
	16-44 岁	45.7	69.8	70.2	71.1	71.1
	45-59 岁	7.6	7.6	9.6	10.0	12.5
	60 岁及以上	11.3	5.3	5.3	5.4	4.8
平均年龄（岁）		28.2	27.2	29.0	30.4	30.8
年龄中位数（岁）		23.0	24.0	27.0	29.0	29.0

资料来源：1982 年第三次全国人口普查、1990 年第四次全国人口普查、2000 年第五次全国人口普查、2005 年全国 1% 人口抽样调查、2010 年第六次全国人口普查。

随着改革开放步伐的加快，我国农村人口向城镇快速流动，乡镇企业兴起，城市和小城镇数量迅速增加，流动人口的数量和规模也随之增加，20 世纪 90 年代成为我国人口流动较为活跃的时期。流动人口规模由 1995 年的 0.7073 亿人上升至 2000 年的 1.2129 亿人，年均增长率达到 11.25%（见表 2-4）。特别是 1992 年邓小平的"南方谈话"推动改革开放进入新阶段，逐步形成了从南至北、由东至西，"特区—沿海—沿江—沿边"的对外开放区域增长极空间格局。随着小城镇的试点改革，城镇化逐渐表现为大城市快速扩张的发展趋势，流动人口也从 1995 年的 7000 多万人增加至 2011 年的 2.3 亿人，年均增长率达到 7.62%（见图 2-4、图 2-5）。

随着沿海城市的发展以及经济发展对劳动力需求的增加，大批农村剩余劳动力加速向第二、第三产业转移，流动人口数量急剧上涨，人口逐渐进入规范流动时期。人口主要是由农村流向城市，流动人口中年轻人口占绝大多数，流动儿童的数量快速增长。有资料显示，0~17 岁人口的总量从 1982 年的 254 万人快速增长至 2010 年的 3581 万人，年均增速达到 9.91%；从 1990 年的 459 万人快速增加到 2000 年的 1982 万人，增加了 4 倍多，说明流动人口的家庭化趋势进一步显现（见表 2-6）。1990~2010 年流动人口进入快速增长期，1990 年流动人口总量为 2135 万人；2000 年流动人口总量超过 1 亿人，占全国总人口的 9.57%；2010 年流动人口快速增加到了 2.21 亿人，占比也提高至 16.51%，1990~2010 年，流

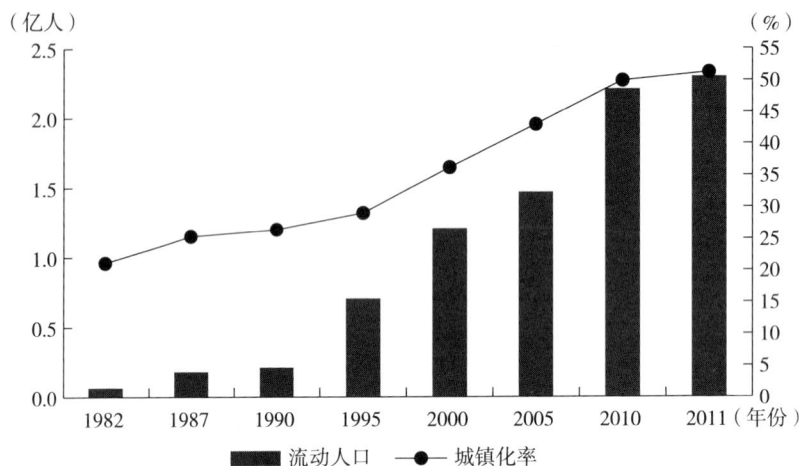

图 2-4　1982~2011 年中国城镇化率和流动人口规模统计

资料来源：1982 年第三次全国人口普查、1990 年第四次全国人口普查、2000 年第五次全国人口普查、2005 年全国 1% 人口抽样调查、2010 年第六次全国人口普查以及中国国家统计局《中国统计年鉴（2020）》。

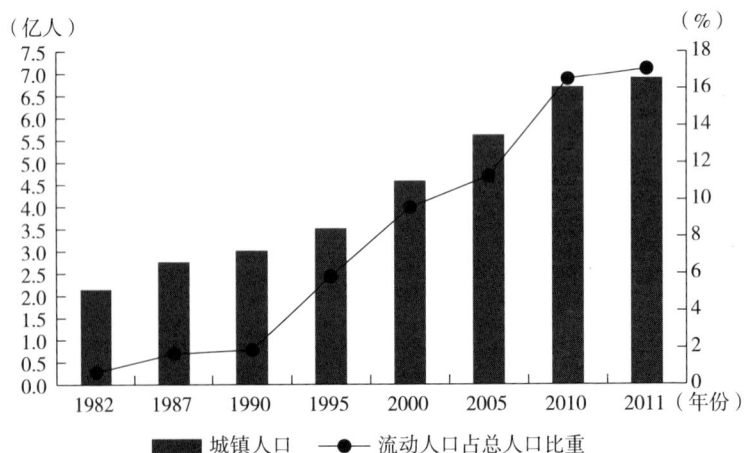

图 2-5　1982~2011 年中国城镇人口和流动人口占比统计

资料来源：1982 年第三次全国人口普查、1990 年第四次全国人口普查、2000 年第五次全国人口普查、2005 年全国 1% 人口抽样调查、2010 年第六次全国人口普查以及中国国家统计局《中国统计年鉴（2020）》。

动人口总共增长了约 2 亿人，平均每年增加约 1000 万人（见表 2-4、图 2-5）。另外，城市间的流动明显加快，并且还将继续增加。2000~2010 年，城镇间的流动人口比重呈现缓慢增加的趋势，其占比由 20.8%提高到 21.2%；而乡村到城镇的流动人口占比表现出持续增加的趋势，从 2000 年的 52.2%上升到 2005 年的 61.4%，2010 年继续上升至 63.2%；同时 2000~2010 年，从乡村流动到乡村和从城镇流向乡村的比例一直保持下降趋势（见表 2-7）。这说明虽然乡村流向城镇依然是人口流动的主要形式，也是主要驱动力，推动了城镇化的快速发展，但是城镇内部或者城镇之间的流动速度也在显著提升。流动人口的增加加快了城镇化的高速发展，长三角、珠三角等流动人口相对聚集的地区，其城镇化的增速也相应较快。今后，城市间、城市内部的人口流动及循环流动，将成为我国人口迁移流动的主要因素，一系列有利于人口迁移流动的政策应运而生。

表 2-6　1982~2010 年 0~17 岁人口各学龄阶段规模　　　　单位：万人

	1982 年	1990 年	2000 年	2005 年	2010 年
幼儿阶段（0~2 岁）	26	56	287	321	386
学前教育阶段（3~5 岁）	45	82	377	388	512
小学教育阶段（6~11 岁）	104	139	709	764	929
初中教育阶段（12~14 岁）	46	66	332	361	464
义务教育后阶段（15~17 岁）	33	115	276	699	1290
0~17 岁流动儿童合计	254	459	1982	2533	3581

资料来源：1982 年第三次全国人口普查、1990 年第四次全国人口普查、2000 年第五次全国人口普查、2005 年全国 1%人口抽样调查、2010 年第六次全国人口普查数据计算得到。

表 2-7　2000~2010 年流动人口构成　　　　单位：%

流动人口	2000 年	2005 年	2010 年
乡—城流动	52.2	61.4	63.2
城—城流动	20.8	21.2	21.2
乡—乡流动	18.6	13.7	12.7
城—乡流动	8.4	3.7	2.9

注：2000 年、2005 年、2010 年数据中按照户口性质和居住地城乡类型界定流动人口。

资料来源：根据 2000 年第五次全国人口普查、2005 年全国 1%人口抽样调查、2010 年第六次全国人口普查数据整理。

总体来看，我国流动人口的集聚程度明显增高。第四、五、六次全国人口普查的数据显示，东部地区吸纳流动人口的总量远远高于中部和西部地区。据统计，2010年我国跨省流动人口总量为8587.6万人，其中东南沿海地区流入人口数量在前十名中占九个，而中部和西部地区的流入人口普遍较少。另外，从迁移率来看，东部地区依然是人口的聚集地。2000~2010年，我国省际平均人口迁移率的结果显示：一是东部地区的平均人口迁入率最高，其次是西部地区，最后是中部地区；二是东部地区平均人口迁入率增长最快，其次是中部地区，西部地区最慢；东部地区的平均人口迁入率由9.77‰上升到15.54‰，增加了5.77‰，中部地区从1.61‰增加至2.62‰，增加了1.01‰，西部地区由3.06‰上升至3.79‰，增加了0.73‰；[①] 三是只有东部地区的平均人口净迁移率呈现上升趋势，且为正值，而中部地区和西部地区均呈现明显的下降态势，且均为负值，这说明东部地区的人口迁入趋势增强，而中部地区的人口迁出现象明显（见表2-8）。

表2-8 2000年和2010年我国省际平均人口迁移率比较   单位:‰

地区	迁入率		迁出率		净迁移率	
	2000年	2010年	2000年	2010年	2000年	2010年
东部	**9.77**	**15.54**	**3.06**	**5.17**	**6.72**	**10.37**
北京	28.75	41.65	2.65	4.39	26.10	37.26
天津	10.22	26.60	2.17	3.78	8.06	22.81
河北	2.33	2.63	2.64	5.73	−0.31	−3.10
辽宁	3.69	5.55	1.86	3.22	1.84	2.33
上海	27.45	43.79	2.06	3.56	25.39	40.23
江苏	5.45	12.92	3.54	5.00	1.91	7.92
浙江	12.10	31.13	4.32	4.96	7.78	26.17
福建	8.48	14.46	3.93	6.40	4.56	8.06
山东	2.03	2.89	1.97	4.35	0.06	−1.45
广东	28.57	28.71	1.09	3.33	27.49	25.37

① 于潇，李袁园，雷峻一. 我国省际人口迁移及其对区域经济发展的影响分析 ——"五普"和"六普"的比较于 [J]. 人口学刊, 2013, 35 (3)：5-14.

续表

地区	迁入率		迁出率		净迁移率	
	2000 年	2010 年	2000 年	2010 年	2000 年	2010 年
广西	1.38	2.75	8.84	12.93	-7.46	-10.18
海南	6.07	8.20	3.61	5.71	2.46	2.49
中部	**1.61**	**2.62**	**7.74**	**12.69**	**-6.12**	**-10.07**
山西	2.40	2.87	2.09	4.56	0.31	-1.70
吉林	2.05	2.71	4.28	6.69	-2.22	-3.99
黑龙江	1.81	1.86	5.64	8.45	-3.83	-6.58
内蒙古	2.87	7.17	3.89	5.60	-1.02	1.57
安徽	1.11	3.10	10.22	20.80	-9.11	-17.70
江西	1.35	3.29	15.30	16.39	-13.95	-13.10
河南	1.05	0.94	5.15	11.77	-4.10	-10.84
湖北	2.35	3.24	8.55	14.56	-6.21	-11.32
湖南	1.26	2.26	11.34	15.06	-10.08	-12.80
西部	**3.06**	**3.79**	**6.65**	**9.64**	**-3.59**	**-5.85**
重庆	3.35	5.64	8.26	14.13	-4.90	-8.49
四川	1.57	2.59	11.72	12.22	-10.15	-9.64
贵州	1.54	3.56	7.25	16.09	-5.71	-12.53
云南	3.62	2.83	1.96	4.88	1.66	-2.05
西藏	5.82	6.92	2.91	4.70	2.91	2.22
陕西	2.48	4.07	4.22	7.46	-1.74	-3.39
甘肃	1.66	1.98	4.58	7.98	-2.92	-6.00
青海	3.25	6.83	5.21	5.60	-1.95	1.22
宁夏	4.74	7.82	3.22	4.92	1.52	2.89
新疆	11.90	8.06	2.06	2.75	9.65	5.31

资料来源：笔者根据《中国 2000 年人口普查资料》《中国 2010 年人口普查资料》整理所得。

三、农业转移人口市民化发展阶段（2012 年至今）

2012 年，我国提出要"走中国特色新型城镇化道路"，城镇化开始进入规模和质量并重的新发展阶段。2020年常住人口城镇化率比2012年提高了11.32个百分点，年均增长率达到2.47%。随着我国新型城镇化的推进、经济发展方式的转变和区域经济结构的调整，城镇化进入速度相对趋缓与质量更加提升的阶段。2012~2018年，常住人口城镇化率从52.57%上升到59.58%，户籍人口城镇化率从35.33%增加至43.37%，常住人口和户籍人口城镇化率间的差距缩小了1.03%（见图2-6）。2020年，我国农业转移人口市民化成效显著，新型城镇化发展加快推进，有超过1亿的农业转移人口落户城镇，城区常住人口在300万以下的城市，基本取消了落户的限制条件。人口管理向自愿落户和自由流动迈出了一大步，流动人口总量也呈现先增后降的变动趋势，进入调整期并保持基本稳定。数据显示，我国流动人口总量在2012~2019年呈现先增后降的发展趋势，2012~2014年，我国流动人口总量呈上升趋势，由2.36亿人增长到2.53亿人，增速相对缓和，年均增长率约为3.54%（见表2-9）。2014~2019年，我国流动人口数量呈缓慢下降的趋势，又由2.53亿人减少到2.36亿人。同时，2014年，我国流动人口数量（2.53亿人）和人户分离人口数量（2.98亿人）总量均达到了2000年后的峰值，流动人口占全国总人口的比重也达到18.5%（见表2-10）。

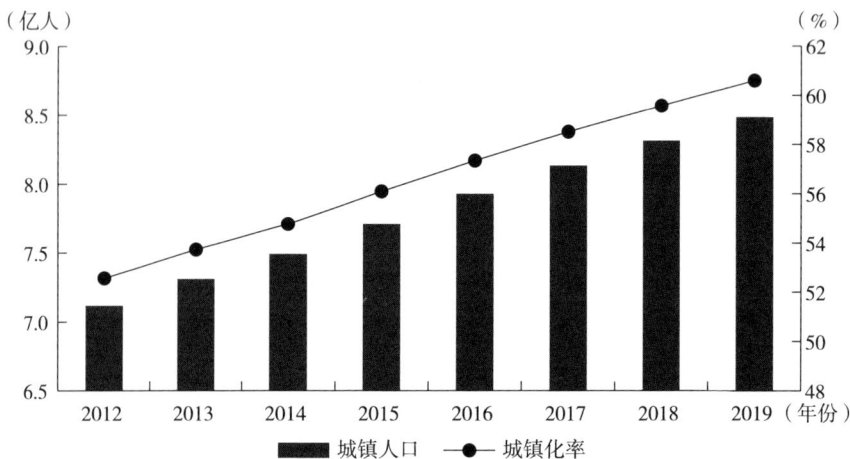

图2-6　2012~2019年中国城镇化水平变化趋势

资料来源：2015年全国1%人口抽样调查以及中国国家统计局《中国统计年鉴（2020）》。

表 2-9　2012~2019 年全国流动人口数量和流动人口占全国人口比重统计

年份	总人口（亿人）	流动人口占全国人口比重（%）	流动人口数量（亿人）
2012	13.5404	17.43	2.36
2013	13.6072	18.01	2.45
2014	13.6782	18.50	2.53
2015	13.7462	17.97	2.47
2016	13.8271	17.72	2.45
2017	13.9008	17.55	2.44
2018	13.9538	17.27	2.41
2019	14.0005	16.86	2.36

资料来源：2015 年全国 1% 人口抽样调查数据以及中国国家统计局《中国统计年鉴（2020）》。

表 2-10　我国流动人口和人户分离人口数量统计

年份	流动人口数量（亿人）	人户分离人口数量（亿人）
2012	2.36	2.79
2013	2.45	2.89
2014	2.53	2.98
2015	2.47	2.94
2016	2.45	2.92
2017	2.44	2.91
2018	2.41	2.86
2019	2.36	2.80

资料来源：2015 年全国 1% 人口抽样调查数据以及中国国家统计局《中国统计年鉴（2020）》。

随着城镇化的发展，流动人口总量仍然在增长，但是增幅下降，人口分布也在发生变化。根据人口普查数据，截至 2013 年底，全国流动人口数量达 2.45 亿人，超过总人口的 1/6。从 2015 年开始，受到经济波动、人口的年龄结构变化、新增农村人口规模缩小等各种因素的影响，流动人口规模总量略有下降，增速也有所下降，但 2015 年我国流动人口总量仍保持 2.47 亿人，占总人口的 18%，相当于每六个人中就有一个是流动人口，虽然与上一年（2014 年）相比流动人口总量下降了约 600 万人。2016 年与前一年相比继续减少了 171 万人，2017 年再减少 82 万人。根据 2015 年全国 1% 人口抽样调查的结果，结合各种分析判断，我国流动人口规模仍将保持增长的趋势，但增速变缓，人口的空间分布也在不断发生变化。这说明我国的流动人口经历了总量均衡发展阶段，通过不断优化人口空间流向，目前已步入分布均衡发展阶段，人口流动呈现出多样化的再分布特征。另外，随着进城落户人口的不断增加，农业转移人口开始有序、有效地融入城市。户籍制度改革使更多的农业人口转变为城镇人口，享有更优质、更便捷的医疗卫生、教育、技能培训等基本公共服务和保障。2018 年与 2017 年相比，人户分离人口减少了 0.05 亿人，流动人口数量减少了 0.03 亿人（见表 2-10）。

这一阶段，流动人口依然保持向少数沿海大城市集中的趋势。2015 年全国 1% 人口抽样调查结果显示，在全国 600 多个城市中，接收流动人口较多的十个城市约聚集了全国 1/4 的流动人口，并且这些城市均位于东部的沿海地区；同时，接收流动人口较多的 50 个城市约聚集了全国 2/3 的流动人口，这些城市大多在东部的沿海地区，说明流动人口越来越明显地聚集流向少数大城市，尤其是沿海大城市。另外，从东南沿海地区可以明显看出，流动人口聚集区域和经济发展领先区域高度重合，珠三角的广东，长三角的江浙沪，环渤海地区的北京、天津、山东和辽宁是流动人口聚集的主要区域，而《中国流动人口发展报告 2018》指出，受到东部地区土地紧缺、严格的生态环境标准等因素的影响，出现了农民工从东部地区向中、西部地区回流的现象，劳动和资源密集型的产业也不断向中西部地区转移，说明流动人口的分布格局将再次发生变化。

1949 年以来，我国城镇化经历了曲折的发展过程，人口变化巨大。与此同时，人口的迁移流动带来了人类历史上从未有过的快速城镇化发展，有力地推动了我国经济社会的进步。未来大规模的人口迁移流动依然是我国城镇化发展的主要特征。但流动人口发展过程中出现的居住、就业、社会保障以及社会融合等问题受到了社会各界的广泛关注。一是引导流动人口合理分布，有效、有序推动流动人口市民化，从法律法规、流动人口政策制度、基本公共服务均等化等方面解决流动人口面临的问题，从而实现城乡融合和区域协调发展。二是以中心城市引领城市群发展、城市群一体化发展带动区域协调发展的思路，持续完善和壮大都市圈、城市群，不断强化基础设施的互联互通及跨省市的区域协调，优化流动人口的聚集度。三是逐步完善城乡融合发展制度，加快推动城乡基础设施的规划和建设、基本公共服务的均等化和分配的均等化，实现城乡要素间的自由流动，真正实现城乡融合发展，使全体劳动者共建、共治、共享新型城镇化发展建设成果。

第三节 我国城镇化发展的基本特点和经验

一、我国城镇化发展的基本特征

自1978年实行改革开放以来，我国工业化、全球化快速推进，经济高速增长，城镇化速度不断加快、规模不断扩大、水平不断提高，城市经济日益占据支配地位，城镇化带动作用日益增强，我国顺利实现了由农村人口为主的社会向城市人口为主的社会的历史性转变。相比其他国家的城镇化，我国城镇化具有四个鲜明特征：

一是城镇化起点低、规模大、速度快。1980年我国城镇化率只有19.39%，低于世界平均水平20个百分点，低于世界欠发达地区10.1个百分点。1978～2019年，我国城镇化率从17.92%提高到60.60%，城镇常住人口从1.72亿人增长到了8.48亿人，创造了世界城镇化的一个奇迹。大规模快速城镇化是我国城镇化最显著的特征。1981～2015年，我国城镇人口增加了5.83亿人，占到世界城镇人口增加量的26.20%，在此期间，城镇化率增速年均达到1.03个百分点，远远高于同期世界0.42个百分点的平均增速。[①] 尤其是"九五"以来，我国城镇化率年均提高幅度都在1.25个百分点以上，年均新增城镇人口都超过2000万人，这样的速度和规模在世界城镇发展史上都是罕见的。到2014年，我国城镇化率超过世界平均水平（53.6%），世界城镇化率由30%提高到50%用了50多年

---

① 肖金成，刘保奎. 改革开放40年中国城镇化回顾与展望［J］. 宏观经济研究，2018（12）：18-29+132.

的时间，而我国仅用了 15 年。[①]

二是我国城镇化水平呈现明显的地区差异。如同我国各地区的工业化和经济发展水平差异较大，我国城镇化水平在各地区也表现出较大的差异性。历年《中国统计年鉴》和年度人口抽查数据显示，从总体来看，东部和东北地区的城镇化水平较高，中西部地区较低；东部地区城镇化加速较早，中西部地区加速较晚。1978~2010 年，东部地区城镇化率平均每年提高 1.37 个百分点，而中部和西部地区分别年均只提高 0.92 个和 0.86 个百分点，东部与西部地区的城镇化率差距由 1.95 个百分点扩大到 18.27 个百分点，东部与中部地区的差距由 1.65 个百分点扩大到 16.12 个百分点。自 2010 年以来，东部地区城镇化增速开始放慢，中西部地区仍处于加速之中，开始超过东部地区，东、中、西部城镇化差距正在不断缩小。到 2019 年，东部、东北部、中部、西部的城镇化率分别为 68.42%、63.20%、56.77%、54.09%，东部比中部高出 11.65 个百分点，比西部地区高出 14.33 个百分点。

三是城镇化成为经济发展的重要引擎。城镇化既是经济社会发展的结果，也是经济增长和结构变迁的重要驱动力。改革开放以来我国经济的快速增长是与城镇化的快速推进高度相关的。快速城镇化带来的大量投资和消费有力地促进了内需扩大和经济增长。从投资需求来看，一般认为每新增 1 个城镇人口，大概需要 10 万元的投资。据此推算，"九五"以来我国每年新增城镇人口带来的投资规模超过 2 万亿元，这些投资是推进我国经济持续增长的重要力量。从消费需求来看，大量农村劳动力向城镇转移，也扩大了消费。我国城镇化率每提高 1 个百分点，就意味着有 1000 多万名农民进入城镇，而城镇居民的消费水平一般是农村居民的 3 倍以上。大量农村劳动力从第一产业向第二产业、第三产业转移，也有力地促进了我国的经济增长。蔡昉、王德文等的研究表明，劳动力转移对我国GDP 增长的贡献为 16%~20%。与此同时，城镇化快速推进还加速了人力资本积累，促进了技术创新和生产率提高，推动了产业结构优化升级。此外，城镇化的

---

① 肖金成，刘保奎. 改革开放 40 年中国城镇化回顾与展望 [J]. 宏观经济研究，2018（12）：18-29+132.

快速推进还促进了基本公共服务的改善和城乡发展差距的缩小。

四是城市群已经成为城镇化的主体形态。经过 40 多年快速大规模的城镇化发展进程，我国已进入一个以城市群为载体的群体竞争新时代，城市群已经成为中国推进城镇化的主体形态和吸纳新增城镇人口的主要载体。随着经济全球化、区域一体化与交通网络化的快速推进，我国涌现出了一批大小不同的城市群。较典型的有长三角城市群、珠三角城市群、京津冀城市群、山东半岛城市群、辽中南城市群、海西城市群、哈长城市群、中原城市群、长株潭城市群、武汉城市群、成渝城市群、关中城市群、兰西城市群等。这些城市群作为国家参与全球竞争与国际分工的全新地域单元，已经成为引领和支撑我国经济高速增长的主导区域。目前，我国发育成熟或达标的城市群共有 15 个，未达标但需要培育的城市群有 8 个，这 23 个城市群在 2007 年就已经集中了全国 46.7% 的城镇、51.4% 的城镇人口、78.8% 的 GDP 总量，其经济密度和人口密度分别是全国平均水平的 3.63 倍、2.26 倍。[①] 其中，长三角城市群、珠三角城市群、京津冀城市群、成渝城市群、山东半岛城市群、辽中南城市群六大城市群承载了全国 31% 的城镇人口。

二、我国城镇化发展的基本经验

回顾改革开放以来我国的城镇化历程，发现其与改革开放一脉相承、相辅相成，走出了一条中国特色的城镇化道路，基本经验有以下五个方面：

一是经济发展是城镇化的重要基础，城镇化是经济发展到一定阶段的必然结果。1978 年以后，随着改革开放进程的不断推进、农村家庭联产承包责任制的推行、农业生产率的提高、农产品供应的大幅度增加，农村产生了大量的富余劳动力，而城市经济的加快发展，对农村劳动力需求大量增加，城乡共同作用促进了农业劳动力向非农产业、城镇的大量转移。从城镇化的基本层面来讲，我国城镇化符合世界各国城镇化的一般规律。

---

① 魏后凯，李劲，年猛."十四五"时期中国城镇化战略与政策 [J]. 中共中央党校（国家行政学院）学报，2020，24（4）：5-21.

二是放开人口自由流动是我国城镇化的逻辑起点。大量农村人口从农业部门向非农业部门转移，大大释放了我国的人口红利，提高了劳动生产率，推动了城市的经济增长和空间扩张，倒逼了城镇化相关制度的创新。因此，放开人口城乡流动是我国城镇化的关键一步。

三是渐进式户籍制度改革有效维持了人口大规模城乡流动中的基本秩序。我国政府在放开人口流动的同时，采用居住证制度等渐进式制度设计，既为流动人口提供了一定的权利和便利，也避免了政府过重的公共服务负担，同时也避免了拉美、印度等地区城镇化进程中的大量贫民窟现象。同时，地方政府还建立起了一套由用工单位和居住地社区两方面构成的管理网，实现了对进城务工人员的有序化、全覆盖、精细化管理。

四是"城乡关系的不断完善"始终处于城镇化政策体系的突出位置。我国的城镇化始终是在城乡互动中进行的，对城乡关系的认知、思考和争论始终伴随着我国城镇化政策的形成演进过程，从改革开放初期的"离土不离乡"，到21世纪初的"统筹城乡"，再到党的十九大后的"城乡融合"；从党的十六届五中全会提出建设社会主义新农村，到党的十九大提出实施乡村振兴战略，都把城乡作为整体考量，力求最大限度减少城乡冲突，逐渐消除城乡分割，为我国城镇化的快速推进提供了一条切实可行的路径。

五是独特的"城乡二元结构"制度安排为我国城镇化的顺利推进提供了稳定器和蓄水池。小农经济、土地制度、城乡二元结构是我国城镇化长时期大规模顺利推进的重要力量。以家庭联产承包责任制为基础的小农经济制度安排，保证了农民工的自由进城及进城失败后返乡的权利；土地制度安排保证了建设用地"涨价归公"；而城乡二元结构由过去的剥削性结构变成保护性结构，让我国的城镇化与一般发展中国家的城镇化相比具有极大的优越性，没有出现拉美、印度等地区城镇化进程中的贫民窟现象。

改革开放以来我国的城镇化发展虽然取得了巨大成就，但是我们仍然应清醒地认识到：我国快速推进的城镇化是建立在外延式的粗放发展模式基础上的城镇化，这种传统的城镇化模式已经难以为继。总体来看，我国城镇化主要面临五大问题。

一是人口城镇化进程滞后，大量流动人口未真正融入城市。我国城镇化的特色之一是农业转移人口规模大、市民化程度低。城镇化的实质是实现人的城镇化，但我国目前仍然存在大量的"流而不迁""候鸟式"流动的农民工，大量农业转移人口处于"半城镇化"状态，并未真正融入城市。2013 年，全国农民工总量已达 2.69 亿人，其中外出农民工 1.66 亿人。这些外出农民工虽然在城镇就业和居住，但他们没有真正融入城市，游离于城市体制之外，处于非城非乡的状态。魏后凯、苏红键（2018）的研究表明，2011 年全国农业转移人口市民化程度仅有 39.56%。若按城镇中农业转移人口市民化程度平均为 40% 推算，2012 年我国真实的完全城镇化率只有 42.2%，比国家统计局公布的常住人口城镇化率低10.4 个百分点。这就是说，按照市民化标准，我国城镇化率大约高估了 10 个百分点。国家卫生和计划生育委员会流动人口司发布的《中国流动人口发展报告2017》显示，全国有 2.4 亿从农村转移到城市的流动人口，其中有 60% 以上从未从事过农业生产，也没有回农村生活的意愿。到 2018 年末，全国常住人口的城镇化率达到 59.58%，户籍人口的城镇化率为 43.37%，两者的差距是 16.21 个百分点。这些人口中绝大部分是未真正融入城市的流动人口。相对于过去长期存在的城乡二元分割，随着城镇化进程加快，在城镇内部已逐渐形成了以流动人口和户籍人口为主体的"新二元分割"，市民化进程滞后于城镇化进程，成为我国城镇化面临的重要问题。

二是城乡居民收入差距持续拉大。1978 年，我国城镇居民人均可支配收入约为 343.4 元，农村居民人均可支配收入约为 133.6 元，收入差距为 209.8 元。1996 年以后，随着城镇化速度进一步加快，城乡居民的收入差距扩大。2017 年城镇居民人均收入增加到 36369.2 元，农村居民人均收入达到 13432.4 元，收入差距扩大至 22963.8 元。

三是城镇化建设过度依赖土地扩张。"十五"以来，我国城市建设用地和城镇建成区面积迅速扩张，其扩张速度远远快于城镇人口的增长速度。以 2001 ~ 2011 年为例，全国城市建设用地面积和建制市建成区面积年均分别增长 5.96% 和 6.23%，而同期城镇人口年均增长仅 3.78%，表明我国城镇土地扩张与人口增长严重不匹配，土地城镇化大大超过人口城镇化。与此同时，城镇空间扩张呈现无序蔓延的态势。自 1996 年到 2012 年，我国平均每个城市的建成区面积由 30.4 平方千米扩大到 69.4 平方千米，平均每个城市的建设用地面积由 28.5 平方千米扩大到 69.6 平方千米，分别增长了 128.3% 和 144.2%。但就城镇人口密度而言，自 2000 年到 2011 年，全国城镇建成区人口密度由 0.85 万人/平方千米下降到 0.73 万人/平方千米，人均建成区面积由 117.1 平方米/人增加到 137.3 平方米/人，远远超过城乡规划法规定的人均 80~120 平方米的标准，也已达到甚至超过发达国家的水平（孙阳、陆大道、姚士谋，2016）。

四是城镇化进程中存在严重的两极化倾向。在我国 40 多年的快速城镇化进程中，城镇规模结构严重失调，存在明显的两极化倾向。一方面，大城市数量和人口比重不断增加，一些特大城市规模急剧膨胀，逼近或超过区域资源环境承载能力，大城市病成为困扰城市高质量发展的大问题；另一方面，中小城市数量和人口比重日益减少，一些小城市甚至呈现相对萎缩态势，城镇体系中缺乏中小城镇的有力支撑。仍以 2000 年到 2011 年为例，我国 50 万人以上的大城市数量增加了 67 座，城市数量和人口比重分别提高了 10.5 个百分点和 14.7 个百分点。尤其是 200 万人以上的特大城市，这期间增加了 11 座，城市人口比重增加了 9.2 个百分点。相反，20 万~50 万人的中等城市人口比重减少了 6.0 个百分点；20 万人以下的小城市数量减少了 102 座，城市数量和人口比重分别下降了 14.8 个百分点和 8.7 个百分点。这期间，400 万人以上的特大城市的人口增速高达 126.6%，200 万~400 万人的特大城市的人口增速为 82.0%，而 20 万~50 万人的中等城市的人口仅增长 16.8%，20 万人以下的小城市的人口则下降了 21.8%。同时，2006~2011 年，我国城市新增城区人口的 83.9% 是依靠 50 万人以上的大城市吸纳的，其中 400 万人以上的特大城市吸纳了 61.1% 的新增城区人口；而 20 万人以下的小城市由于数量减少，城区人口趋于下降，呈现不断萎缩的状态，我国城镇体系结构呈现出两极化趋势。

五是资源环境代价巨大。我国粗放式发展的传统城镇化是建立在资源高消耗、"三废高排放"、耕地资源大量侵占、水危机日益加重等基础上的，资源环境代价巨大。我国 GDP 能耗分别是世界平均水平的 2.3 倍、欧盟国家的 4.0 倍、美国的 3.4 倍、日本的 5.5 倍、英国的 6.7 倍。魏后凯等的研究表明我国城镇化率每提高 1 个百分点，需要消耗煤炭 87.58 万吨标准煤、石油 21.44 万吨标准煤、天然气 8.08 万吨标准煤、城市建设用地 1283 平方千米。同时，污染排放迅速增长，城镇环境质量下降。以我国城镇化高速增长的 2001~2010 年为例，在此期间，全国工业固体废弃物产生量、工业废气排放总量、废水排放总量每年以 11.4%、14.2%、4.0%的速度增长，目前我国主要污染物的排放总量仍然处于较高水平，已经到了生态环境的最大容量。

第三章　人口变化下区域城镇化变动的实证分析

——以甘肃省为例

第一节　人口变化总体态势

一、甘肃省人口数量与变化趋势

1. 人口总量及变化趋势

1949 年以来甘肃省人口增加了一倍，年均增长率高达 11.7%，大致来看可以分为以下三个阶段。

第一阶段，高速增长阶段（1949~1980 年）。中华人民共和国成立后，社会环境安全稳定，经济发展不断推进，人民生活质量明显改善。良好的社会发展基础促使人口规模高速增长，除 20 世纪 60 年代甘肃省人口发展出现了短暂的负增长外，其余大部分时间人口增速明显。从人口普查数据来看，甘肃省人口总量从 1953 年的 1292.81 万人增加到 1980 年的 1918.43 万人，不到 30 年，甘肃省人口增加了约 626 万人，这一时期是甘肃省人口规模发展最快的一个时期。

第二阶段，快速增长阶段（1981~2000 年）。改革开放以来，我国经济社会领域发生了重大变革。在人口发展方面，由于严格推行计划生育政策，人口高速增长的局面得到了有效控制，人口自然增长率逐渐下降，人口规模增长趋于放缓。但是由于人口基数庞大，这一时期甘肃省人口增速依然较快。从人口普查数据来看，甘肃省人口总量从 1982 年的 1974.88 万人增加到 2000 年的 2515.31 万人。从改革开放到 2000 年，甘肃省人口总量增加了 540 万人，人口增速依然较快。①

第三阶段，平稳增长阶段（2001~2019 年）。21 世纪以来，我国现代化建设不断进步，甘肃省经济社会发展稳步推进。受社会发展程度不断提升及长期政策导向宣传的影响，人们的生育观念有所转变，生育率明显下降，甘肃省人口规模进入平稳发展阶段。从人口普查数据来看，甘肃省人口总量从 2000 年的 2515.31 万人，增加到 2019 年的 2647.43 万人。进入 21 世纪以来，甘肃省人口总量只增加了 132 万人，人口发展进入缓慢平稳增长阶段（见图 3-1）。

（万人）

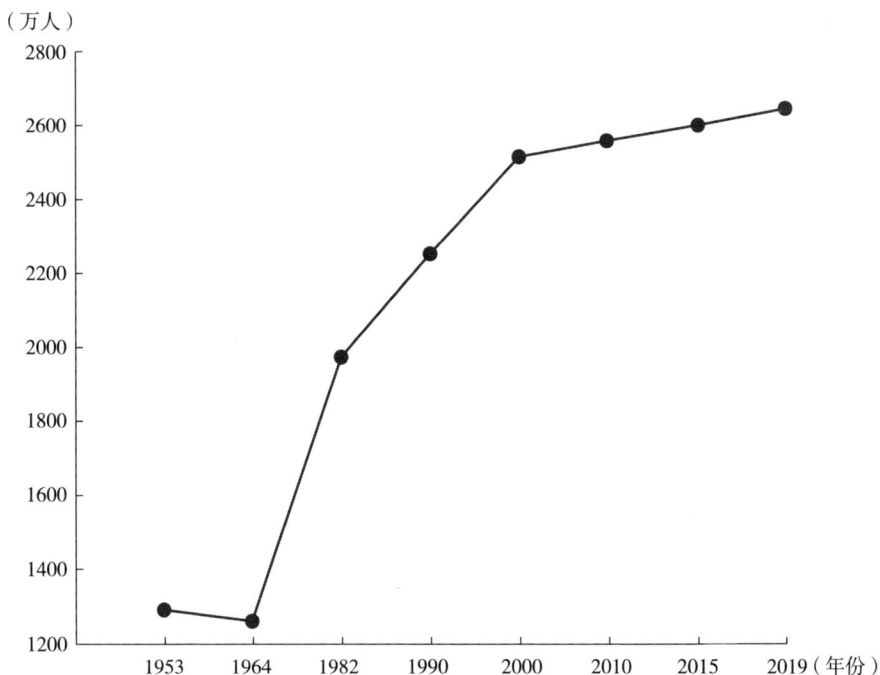

图 3-1　1953~2019 年甘肃省人口规模发展趋势

资料来源：笔者根据历次人口普查和人口抽样调查数据整理所得。

---

①　历次人口普查统计口径中，2000 年以前对人口总量的统计采用户籍人口口径，2000 年以后采用常住人口口径。

从图 3-1 可以看出，改革开放以来甘肃省人口一直呈现不断增长的发展趋势。但是细分来看，2000 年之前甘肃省人口总量增长较快，而 2000 年之后甘肃省人口总量增速放缓。因此，分析当前甘肃省的人口变化趋势，2000 年是一个重要的参照时点。

2. 人口出生率与死亡率变化

（1）出生率与死亡率变化状况。

从甘肃省人口出生率和死亡率的变化趋势来看，1980 年以来，甘肃省人口出生率整体呈现下降趋势，而死亡率整体呈现上升态势（见表 3-1）。其中，1990 年甘肃省人口出生率高达 20.68‰，此后快速下降，2019 年已降至 10.6‰。而人口死亡率从 1990 年的 6.08‰ 升至 2019 年的 6.75‰，因此，甘肃省人口自然增长率也大体呈现不断下降的趋势。

表 3-1　1990~2019 年甘肃省人口指标变动状况　　　　　　单位：‰

年份	出生率	死亡率	自然增长率
1990	20.68	6.08	14.60
2000	14.38	6.41	7.97
2010	12.05	6.02	6.03
2015	12.36	6.15	6.21
2018	11.07	6.65	4.42
2019	10.60	6.75	3.85

资料来源：《甘肃发展年鉴（2020）》。

近年来，甘肃省人口出生率、人口死亡率以及人口自然增长率的变化趋势，说明甘肃省人口数量已进入一个较为稳定的发展阶段。但是，就人口自然增长率的发展趋势来看，甘肃省长期高于全国平均水平（见图 3-2），20 世纪 90 年代以后尤其明显，这表明甘肃省的人口增长状况高于全国平均水平。

（2）预期寿命变化趋势。

就预期寿命来看，甘肃省人口平均预期寿命呈现不断增长的趋势。1982 年

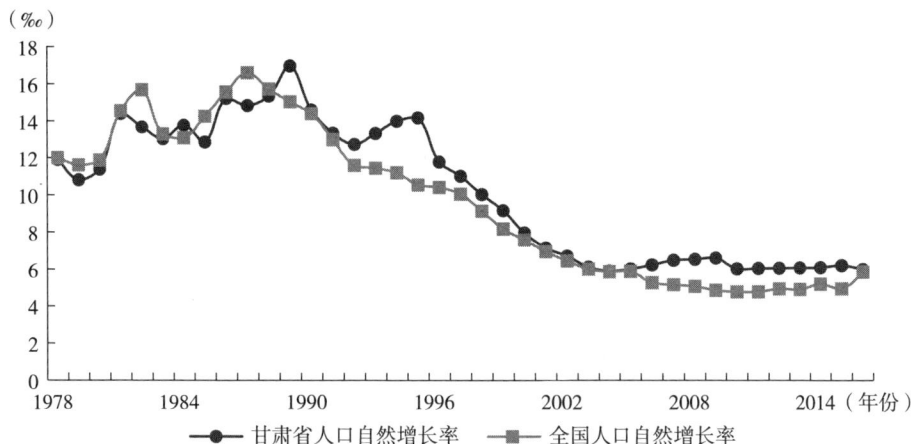

图 3-2 1978~2016 年甘肃省人口自然增长率与全国的对比

资料来源:《甘肃发展年鉴(2020)》。

第三次全国人口普查数据显示,甘肃省人口平均预期寿命为 65.75 岁;1990 年第四次全国人口普查数据显示,甘肃省人口平均预期寿命为 68.25 岁;2000 年第五次全国人口普查数据显示,甘肃省人口平均预期寿命为 70.39 岁;2010 年第六次全国人口普查数据显示,甘肃省人口平均预期寿命为 72.23 岁(见图 3-3)。人口平均预期寿命的增加体现出甘肃省人民的健康水平和社会生活不断向好的发展态势。

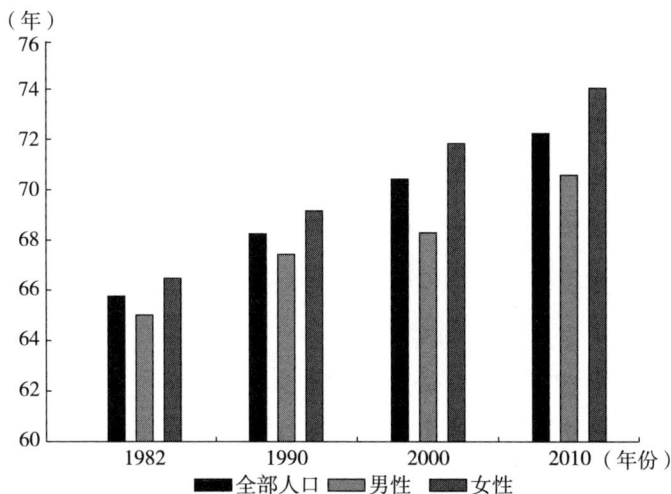

图 3-3 1982~2010 年甘肃省人口平均预期寿命变化趋势

资料来源:《甘肃发展年鉴(2016)》。

二、甘肃省人口密度与结构变化趋势

1. 人口密度变化趋势

就人口密度来看，2000 年以来甘肃省人口密度不断增加。2000 年，甘肃省人口密度为 54.05 人/平方千米；2010 年，甘肃省人口密度为 56.16 人/平方千米；2015 年，甘肃省人口密度为 61.05 人/平方千米。2019 年，甘肃省人口密度为 62.16 人/平方千米（见表 3-2）。进入 21 世纪以来，甘肃省人口密度增加值为 8.11 人/平方千米。

表 3-2　2000~2019 年甘肃省人口密度变动状况

	人口总量（万人）	人口密度（人/平方千米）
2000 年	2301.33	54.05
2010 年	2391.29	56.16
2015 年	2599.55	61.05
2019 年	2647.43	62.16
2000~2019 年增长	346.10	8.11

2. 甘肃省人口年龄结构

（1）人口年龄结构。

2000 年第五次全国人口普查数据显示，甘肃省人口有两个年龄峰值，其中人口最多的年龄组是 10~14 岁组，这个年龄组的人口出生在 1985~1990 年，显示出这一时期是甘肃省人口的出生高峰。另外一个年龄峰值是 30~34 岁组，这个年龄组的人口出生在 1965~1970 年。2010 年全国第六次人口普查数据显示，甘肃省幼儿人口出生数量保持在一个稳定的水平。2015 年全国 1% 人口抽样调查数据显示，甘肃省人口最多的年龄组为 45~49 岁组；新生儿人口规模继续下降（见图 3-4）。

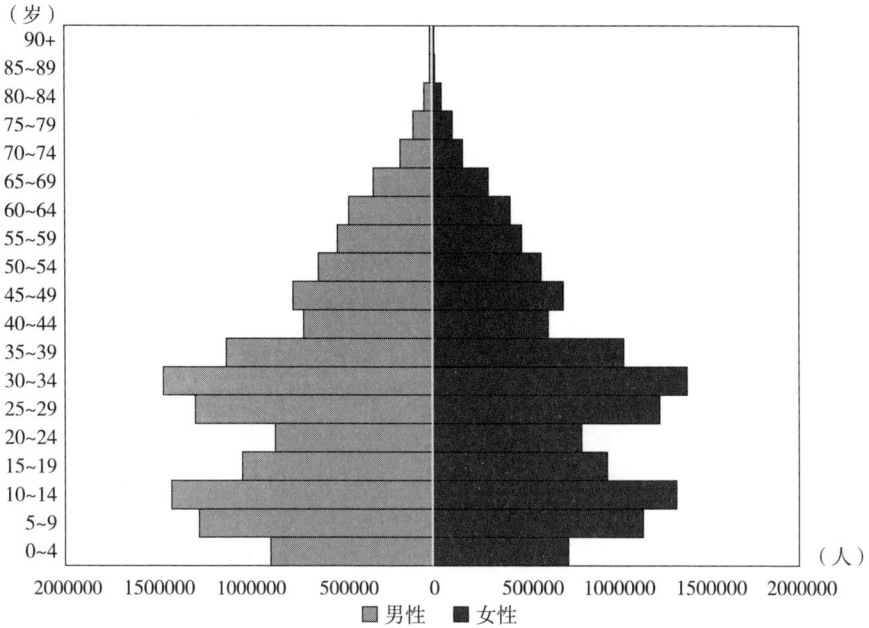

（a）2000年

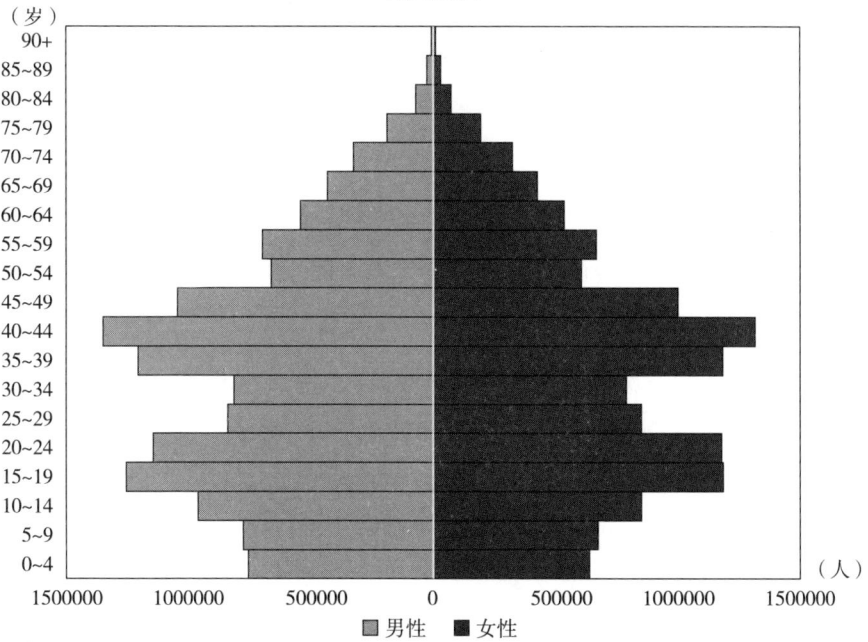

（b）2010年

图 3-4　2000~2015 年甘肃省人口性别年龄金字塔

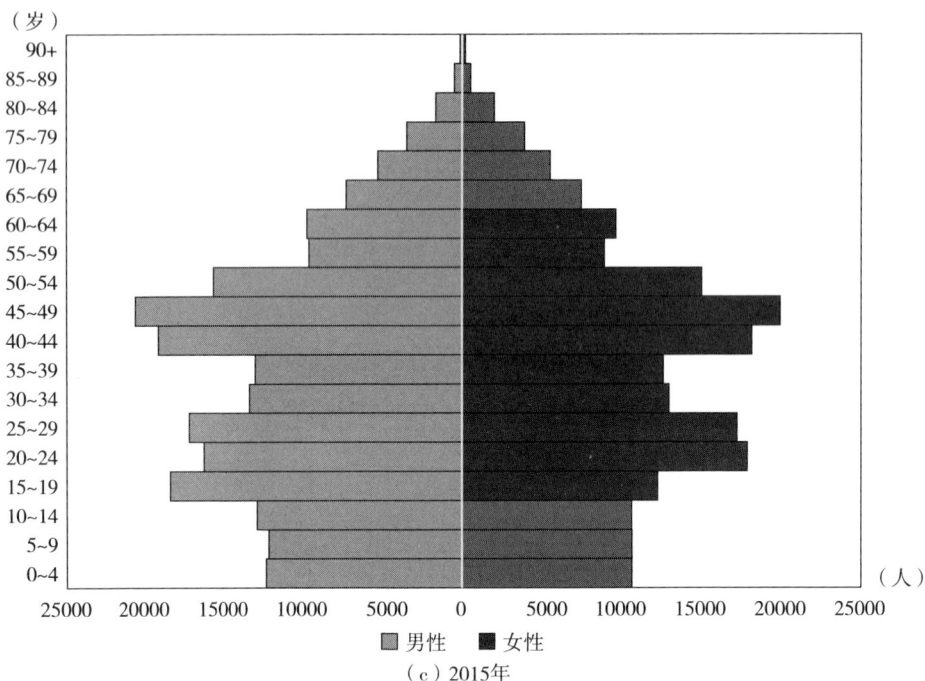

图3-4 2000~2015年甘肃省乡村人口性别年龄金字塔（续）

资料来源：笔者根据2000年全国人口普查数据、2010年全国人口普查数据、2015年全国1%人口抽样调查数据整理所得。

（2）少儿人口与老龄化。

就甘肃省不同年龄阶段的人口百分比来看，在少儿人口方面，2000年第五次全国人口普查数据显示，甘肃省0~14岁少儿人口所占比重为29.28%，处于较高水平；2010年第六次全国人口普查数据显示，甘肃省0~14岁少儿人口所占比重下降为19.93%；2015年全国1%人口抽样调查数据显示，甘肃省0~14岁少儿人口所占比重继续下降，达到了18.88%（见表3-3）。从发展趋势来看，未来甘肃省少儿人口比重还会持续下降。

2000年第五次全国人口普查数据显示，甘肃省15~59岁人口所占比重为65.45%；2010年第六次全国人口普查数据显示，甘肃省15~59岁人口所占比重有所上升，达到了71.36%；2015年全国1%人口抽样调查数据显示，甘肃省15~59岁人口比重有所下降，具体数值为70.96%（见表3-3）。

表 3-3 2000~2015 年甘肃省少儿人口与 15~59 岁人口变动状况 　　单位：%

年份	0~14 岁少儿人口比例	15~59 岁人口比例
2000	29.28	65.45
2010	19.93	71.36
2015	18.88	70.96

资料来源：笔者根据 2000 年、2010 年全国人口普查数据，2015 年全国 1% 人口抽样调查数据整理所得。

国际上通常的惯例是，当一个国家或地区 60 岁以上老年人口占人口总数的 10%，或 65 岁以上老年人口占人口总数的 7% 时，即意味着这个国家或地区的人口处于老龄化社会。2005 年全国 1% 人口抽样调查数据显示，甘肃省常住人口为 2591.72 万人，其中 65 岁以上老年人口为 187.38 万人，占到总人口的 7.23%。数据分析表明，甘肃省在 2005 年已经进入人口老龄化社会。2015 年，全国 1% 人口抽样调查数据显示，甘肃省常住人口为 2598.09 万人。其中，60 岁以上人口为 389.35 万人，占到总人口的 14.99%；65 岁以上人口为 255.39 万人，占到总人口的 9.83%（见图 3-5）。可以看出，2005~2015 年甘肃省人口老龄化程度进一步加重。

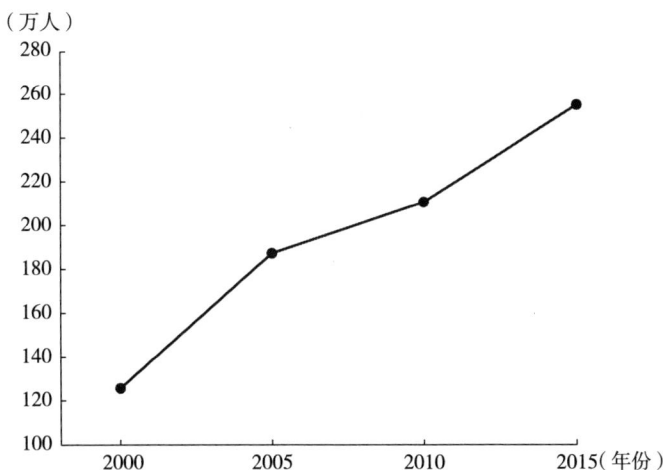

图 3-5 2000~2015 年甘肃省 65 岁以上老年人口数量变化趋势

资料来源：笔者根据 2000 年、2010 年全国人口普查数据和 2005 年、2015 年全国 1% 人口抽样调查数据计算所得。

3. 甘肃省人口性别结构

（1）甘肃省人口分性别变动状况。

就甘肃省人口性别结构变动来看，1982 年甘肃省人口性别比为 107.13；1990 年甘肃省人口性别比为 104.46；2000 年甘肃省人口性别比为 107.6；2010 年甘肃省人口性别比为 104.42；2015 年甘肃省人口性别比为 104.25（见表 3-4）。

表 3-4 1982~2015 年甘肃省人口分性别变动状况

年份	总人口（万人）	性别				性别比
		男		女		
		人口数（万人）	比重（%）	人口数（万人）	比重（%）	
1982	1974.88	1021.41	51.72	953.47	48.28	107.13
1990	2254.67	1151.95	51.09	1102.72	48.91	104.46
2000	2515.31	1303.69	51.83	1211.62	48.17	107.60
2010	2559.98	1307.64	51.08	1252.34	48.92	104.42
2015	2599.55	1326.81	51.04	1272.74	48.96	104.25

注：女性=100。

资料来源：笔者根据 1982 年、1990 年、2000 年和 2010 年全国人口普查数据，2015 年全国 1% 人口抽样调查数据整理所得。

（2）甘肃省人口分年龄性别比。

当然，需要指出的是甘肃省人口的性别比尽管重要，但是很难反映人口内部的结构。要分析人口性别比的内部差异，通常的做法是分年龄组进行分析。通过对 2015 年全国 1% 人口抽样调查数据的分析，我们发现甘肃省人口的性别比依然偏高，明显偏离了正常水平，特别是低龄人口组。例如，甘肃省 0~4 岁人口的性别比高达 114.9，10~14 岁组人口的性别比也达到了 114.48（见图 3-6）。一般而言，正常性别比范围处于 104~107。因此，从出生人口性别比来看，甘肃省男性人口在低龄组明显高于正常范围。

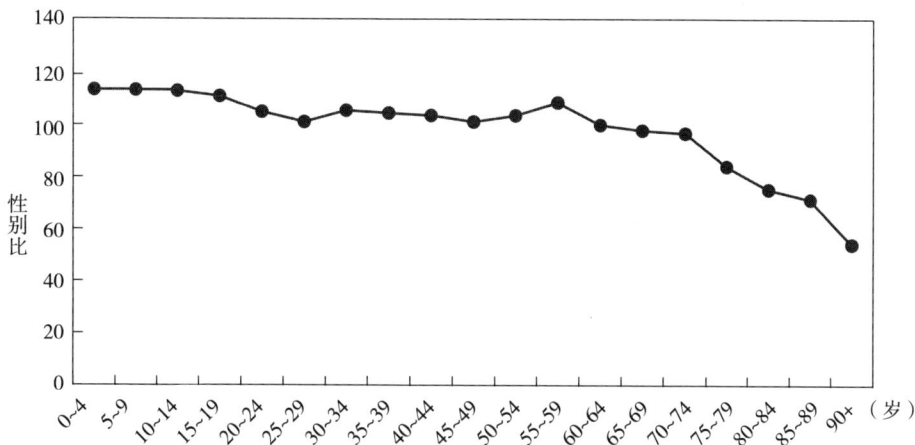

图 3-6 2015 年甘肃省人口分年龄性别比

注：女性＝100。

资料来源：根据 2015 年全国 1% 人口抽样调查数据整理所得。

三、甘肃省人口流动与变化趋势

1. 人口流动规模分析

就甘肃省流动人口规模来看，2010 年甘肃省流动人口规模达到 183.95 万人。其中，兰州市的流动人口最多，占甘肃省流动人口的 31.97%；其次为庆阳、天水、定西和临夏等地；相比较而言，甘南、嘉峪关、金昌等地的流动人口规模较小。2018 年，甘肃省流动人口规模显著增加，达到 321.12 万人，流动人口分布与 2010 年较为相似。①

通过数据分析发现，甘肃省是较为典型的人口流失地区。如果将流入与流出人口作为一个整体来看待，2010 年流入甘肃省的人口为 66.83 万人，而流出甘肃省的人口高达 117.12 万人，净流出人口 50.29 万人。到 2018 年，流入甘肃省的人口为 80.4 万人，而流出甘肃省的人口高达 240.72 万人，净流出人口 160.32 万人，人口流失状况进一步加剧。

---

① 数据由甘肃省卫生健康委员会提供。

通过比较甘肃省各市（州）2010年和2018年的流动人口数量发现，兰州市流动人口数量一直保持在较高规模。相比较而言，城市化水平较高、工业基础较好的市（州）流动人口规模相对较小，而农业人口数量较多的市（州）流动人口规模的增长较为明显。这表明，现阶段甘肃省流动人口主要由农业转移人口组成。农业人口较多的庆阳、天水、定西等地是流动人口的主要输出地。

2. 人口流动方向分析

（1）流入甘肃省的人口。

通过分析2015年全国1%人口抽样调查数据可以发现，2010~2015年流入甘肃省的人口主要来自中西部地区，其中来自河南省的人口数量最多，所占百分比达到了15%；其次为来自陕西省的人口，所占百分比也超过了10%，达到11%（见表3-5）。此外，在流入甘肃省的人口中，来自新疆维吾尔自治区、四川省以及青海省的人口也占到一定的比例。需要说明的是，2015年全国1%人口抽样调查数据是原始数据，因此样本规模显示较小。

表3-5　2010~2015年流入甘肃省的人口来源地分布①

地区	人数（人）	百分比（%）
河南省	879	14.64
陕西省	638	10.62
新疆维吾尔自治区	372	6.19
四川省	342	5.70
青海省	309	5.15
河北省	272	4.53
宁夏回族自治区	243	4.05
江苏省	217	3.61
其他	2733	45.51
合计	6005	100

① 此处数据为2015年全国1%人口抽样调查原始数据，未进行推算和调整。

（2）流出甘肃省的人口。

通过分析 2015 年全国 1%人口抽样调查数据可以发现，2010~2015 年流出甘肃省的人口主要流向西部其他省份以及特大城市和东部沿海地区。其中，流向新疆维吾尔自治区的人口最多，占到流出人口的 17.9%。其次为流向江苏省的人口，所占百分比达到 10.18%（见表 3-6）。此外，在流出甘肃省的人口中，流向相邻省份陕西省，流向特大城市北京市、天津市、上海市，以及流向东部沿海地区的广东省、浙江省的人口都占到一定的比例。

表 3-6 2010~2015 年甘肃省流出人口的主要地区分布①

地区	人数（人）	百分比（%）
新疆维吾尔自治区	3444	17.90
江苏省	1958	10.18
陕西省	1816	9.44
北京市	1517	7.89
广东省	1164	6.05
天津市	1158	6.02
浙江省	829	4.31
上海市	827	4.30
其他	6526	33.92
合计	19239	100

---

① 此处数据为 2015 年全国 1%人口抽样调查原始数据，未进行推算和调整。

第二节 人口空间分布变化

一、甘肃省各市（州）人口规模变化分析

1. 各市（州）人口规模变化

通过分析 2000 年以来甘肃省各市（州）人口规模变化状况可以发现，甘肃省 14 个市（州）中［包含 12 个市、2 个州，2 个州分别为临夏回族自治州（以下简称临夏州）和甘南藏族自治州（以下简称甘南州）］，有 11 个市（州）的人口规模呈现扩大的态势。其中，兰州市的人口规模扩大最为显著，2000～2019 年人口共增长了 64.84 万人。此外，临夏州、酒泉市、天水市人口规模的扩大也比较明显，都在 10 万人以上（见表 3-7）。但也有部分市（州）的人口规模呈现减小的状态，其中人口规模减小最为明显的市（州）是庆阳市，从 2000 年到 2019 年，庆阳市常住人口规模减少了 14.22 万人。此外，张掖市和武威市的人口规模小幅减小。总体来看，甘肃省各市（州）人口规模变化呈现不均衡的状态，人口规模扩大的市（州）较多，人口规模减小的市（州）相对较少（见图 3-7）。

表 3-7 2000～2019 年甘肃省各市（州）人口规模变动状况　　单位：万人

地区	2000 年	2010 年	2015 年	2019 年	2000～2019 年差值
兰州市	314.25	361.62	369.31	379.09	64.84
嘉峪关市	15.95	23.19	24.39	25.31	9.36
金昌市	45.16	46.41	47.05	45.82	0.66
白银市	171.97	170.88	170.99	174.08	2.11
天水市	321.93	326.25	331.17	336.89	14.96
武威市	183.7	181.51	181.64	182.50	-1.20

续表

地区	2000 年	2010 年	2015 年	2019 年	2000~2019 年差值
张掖市	125.18	119.95	121.98	123.76	-1.42
平凉市	206.71	206.8	209.8	212.53	5.82
酒泉市	98.05	109.59	111.54	113.22	15.17
庆阳市	242.1	221.12	223.05	227.88	-14.22
定西市	282.02	269.86	277.83	282.58	0.56
陇南市	258.55	256.77	259.09	264.31	5.76
临夏州	182.85	194.67	201.21	207.14	24.29
甘南州	64.01	68.91	70.5	72.32	8.31

资料来源：《甘肃发展年鉴（2020）》。

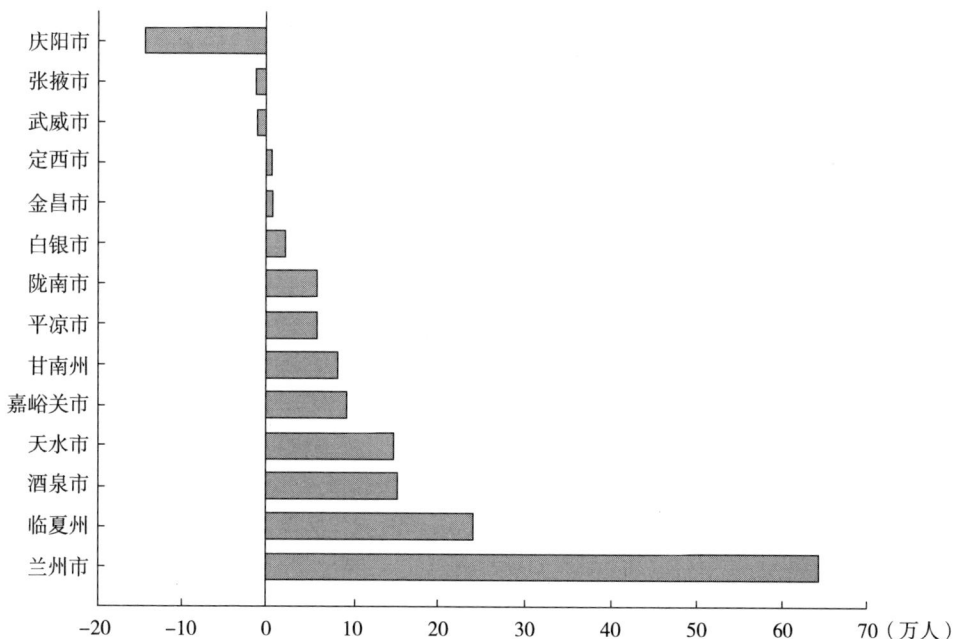

图 3-7 2000 年与 2019 年较 2000 年甘肃省各市（州）人口变化差值

资料来源：《甘肃发展年鉴（2020）》。

2. 各县人口规模变化

就甘肃省各县区人口规模变化状况来看，城市核心区人口规模迅速扩大是最为明显的变化。其中,兰州市城关区人口增加幅度较大,2000~2017年,常住人口累计增加了37.92万人;兰州市七里河区、安宁区、西固区的人口规模都有一定程度的扩大,幅度为3万~10万人。

在其他市(区)中,酒泉市肃州区、临夏州临夏市、天水市秦州区、武威市凉州区、平凉市崆峒区、庆阳市西峰区、陇南市武都区等地的常住人口规模明显扩大。2000年以来,上述地区常住人口的增加幅度都在5万人以上。这体现出这些城市核心区在吸引人口方面所具有的巨大优势,也表明在城市化进程中,人口不断向城市聚集的普遍规律(见图3-8)。

一些县的人口规模也有明显增加,例如酒泉市瓜州县、天水市武山县、陇南市西和县,特别是临夏市的广河县和东乡县,常住人口规模扩大明显,2000年以来的增长幅度都在3.5万人以上。

部分区县的人口规模出现了下降的趋势。较为明显的地区集中在庆阳市,如庆阳市宁县、镇原县、庆城县2017年的常住人口规模相比于2000年减小了5万~7万人。除此之外,定西市安定区,武威市民勤县、天祝县,白银市会宁县,酒泉市玉门市都出现了常住人口减少的现象,减少规模在2万~6万人。

二、甘肃省各市(州)人口分布变化与趋势

人口分布是一定时间内的人口地理分布状况,指人口在地理空间上的表现形式及其发展演变情况。在反映人口分布的各项指标中,人口密度是较为常见和综合的指标。通过分析2000年以来甘肃省各市(州)人口密度的变化状况,可以看出各地区的人口密度呈现不同的变化状态。

甘肃省人口密度较高的地区主要集中在甘肃省中南部,包括兰州、临夏和天水等市(州)。其中,兰州市的人口密度最高,2017年达到了286.89人/平方千米;临夏州的人口密度次之,2017年达到了255.51人/平方千米;天水市的人口密度在2017年也达到了238.56人/平方千米(见表3-8、图3-9)。人口密度较低的地区主要分布在甘肃西部,主要有酒泉、张掖和甘南等市(州)。其中,酒泉市的人口密度最低,2017年只有5.85人/平方千米;其次为甘南州,2017年

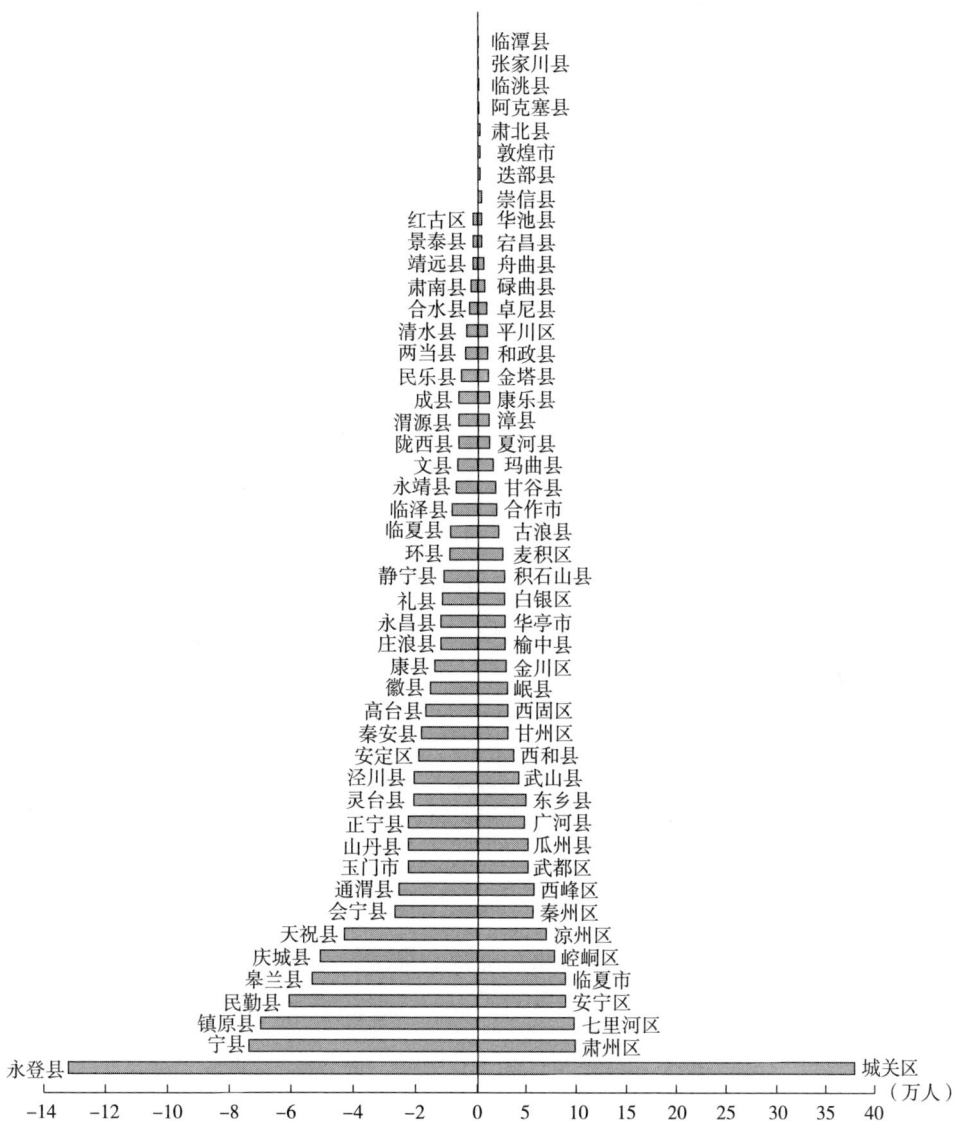

图3-8　2000~2017年甘肃省各县市区人口规模变动状况

资料来源：2000年、2010年全国人口普查数据，2015年全国1%人口抽样调查数据，《甘肃发展年鉴（2018）》。

的人口密度为18.85人/平方千米；张掖市的人口密度也较低，2017年为29.98人/平方千米（见表3-8、图3-9）。

表 3-8 2000~2017 年甘肃省各市（州）人口密度变化状况

单位：人/平方千米

地区	2000 年	2010 年	2015 年	2017 年
兰州市	241.73	278.17	284.08	286.89
嘉峪关市	79.75	115.95	121.95	124.90
金昌市	56.45	58.01	58.81	58.65
白银市	81.89	81.37	81.42	82.35
天水市	229.95	233.04	236.55	238.56
武威市	55.67	55.00	55.04	55.31
张掖市	30.53	29.26	29.75	29.98
平凉市	187.92	188.00	190.73	192.07
酒泉市	5.11	5.71	5.81	5.85
庆阳市	89.67	81.90	82.61	83.58
定西市	148.43	142.03	146.23	147.81
陇南市	95.76	95.10	95.96	97.15
临夏州	228.56	243.34	251.51	255.51
甘南州	16.84	18.13	18.55	18.85

资料来源：2000 年全国人口普查数据、2010 年全国人口普查数据、2015 年全国 1% 人口抽样调查数据，《甘肃发展年鉴（2018）》。

从人口密度变化状况来看，甘肃省大部分地区的人口密度都呈现出不断增加的趋势，其中增加最为明显的地区是河西地区的嘉峪关市。纵向比较来看，嘉峪关市 2000 年的人口密度只有 79.75 人/平方千米，而到 2017 年已经达到了 124.9 人/平方千米。

与此同时，部分地区的人口密度也出现了下降的趋势，主要包括庆阳市、定西市、张掖市和武威市。其中，相比于其他地区，庆阳市人口密度下降最为明显，从 2000 年的 89.67 人/平方千米下降到 2017 年 83.58 人/平方千米。

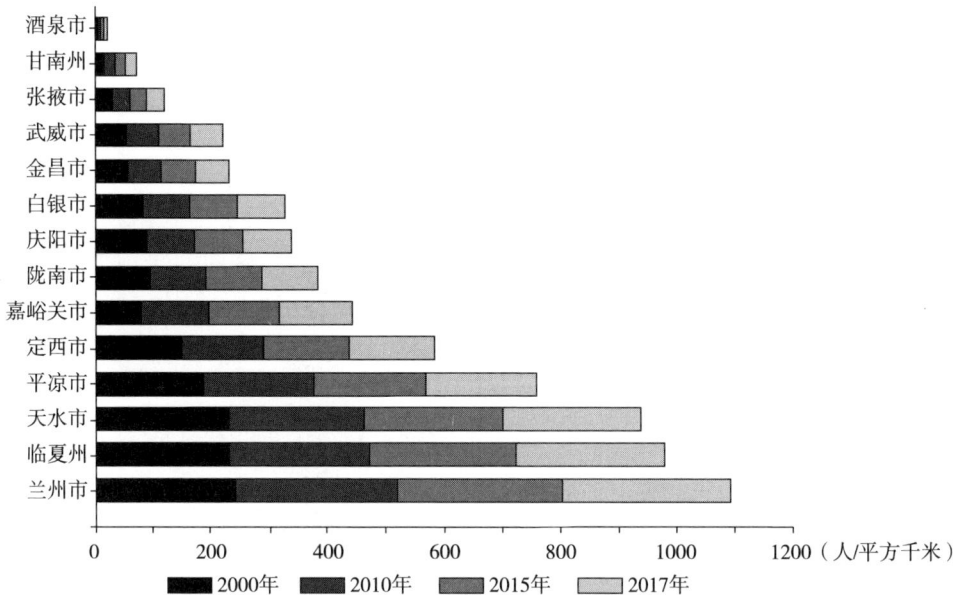

图 3-9　2000~2017 年甘肃省各市（州）人口密度变化状况

资料来源：2000 年全国人口普查数据、2010 年全国人口普查数据、2015 年全国 1% 人口抽样调查数据，《甘肃发展年鉴（2018）》。

三、甘肃省各市（州）人口流动变化与趋势

1. 流动人口规模

人口流动主要指人口在不同空间位置上的变动，进入 21 世纪以来，甘肃省人口流动不断加快，出现了很多新变化。就人口流动总的变化趋势来看，2010~2015 年，甘肃省各市（州）流动人口数量不断增加，如兰州市 2010 年的流动人口数量为 588097 人，到 2015 年流动人口数量增加到 691954 人；而在 2015 年之后，受到全球经济增速放缓大背景的影响，各地流动人口数量增速放缓，甚至有所下降，如兰州市流动人口数量在 2018 年下降到 654743 人（见表 3-9~表 3-11）。

表 3-9　2010 年甘肃省各市（州）人口流动状况　　　　单位：人

市（州）	流动人口总数	流入人口	流出人口	跨省流入人口	跨省流出人口	省内流出人口	省内流入人口
兰州市	588097	486265	101832	161967	38179	63653	324298
嘉峪关市	14754	13255	1499	3891	983	516	9364
金昌市	17906	12944	4962	2571	1524	3438	10373
白银市	69550	20863	48687	4482	20358	28329	16381
天水市	213720	8492	205228	5185	147986	57242	3307
武威市	55296	5128	50168	1866	34625	15543	3262
张掖市	30375	6390	23985	2346	14575	9410	4044
平凉市	99778	19974	79804	7723	61246	18558	12251
酒泉市	31652	22119	9533	5937	4122	5411	16182
庆阳市	315073	21615	293458	7290	225074	68384	14325
定西市	170492	16974	153518	7467	90826	62692	9507
陇南市	71882	16431	55451	12614	49472	5979	3817
临夏州	152097	12639	139458	3068	73333	66125	9571
甘南州	8817	5175	3642	1772	1916	1726	3403
合计	1839489	668264	1171225	228179	764219	407006	440085

资料来源：甘肃省统计局调查数据。

表 3-10　2015 年甘肃省各市（州）人口流动状况　　　　单位：人

市（州）	流动人口总数	流入人口	流出人口	跨省流入人口	跨省流出人口	省内流出人口	省内流入人口
兰州市	691954	579819	112135	182855	44096	68039	396964
嘉峪关市	40437	38218	2219	10387	1521	698	27831
金昌市	29063	19921	9142	4249	2448	6694	15672
白银市	108165	37810	70355	7371	29559	40796	30439
天水市	413037	9164	403873	5670	301390	102483	3494
武威市	99950	5818	94132	2313	67396	26736	3505
张掖市	70581	10014	60567	3808	41969	18598	6206
平凉市	354335	54096	300239	18518	229318	70921	35578

续表

市（州）	流动人口总数	流入人口	流出人口	跨省流入人口	跨省流出人口	省内流出人口	省内流入人口
酒泉市	39446	26977	12469	7761	5435	7034	19216
庆阳市	479320	58114	421206	12803	315403	105803	45311
定西市	417865	24570	393295	11817	237181	156114	12753
陇南市	301707	18472	283235	12921	252140	31095	5551
临夏州	248962	18173	230789	4996	128361	102428	13177
甘南州	14347	7350	6997	2801	3207	3790	4549
合计	3309169	908516	2400653	288270	1659424	741229	620246

资料来源：甘肃省统计局调查数据。

表 3-11　2018 年甘肃省各市（州）人口流动状况　　　单位：人

市（州）	流动人口总数	流入人口	流出人口	跨省流入人口	跨省流出人口	省内流出人口	省内流入人口
兰州市	654743	547498	107245	169510	45461	61784	377988
嘉峪关市	36178	33940	2238	7790	1609	629	26150
金昌市	30233	19073	11160	3815	4008	7152	15258
白银市	101483	30920	70563	5885	32057	38506	25035
天水市	428836	7400	421436	4539	318113	103323	2861
武威市	109720	6202	103518	2273	76274	27244	3929
张掖市	79935	7013	72922	2760	50837	22085	4253
平凉市	323384	34779	288605	10957	223115	65490	23822
酒泉市	38002	24471	13531	7614	6689	6842	16857
庆阳市	465357	40496	424861	8962	321200	103661	31534
定西市	397709	14692	383017	6682	231181	151836	8010
陇南市	294203	14480	279723	9753	251372	28351	4727
临夏州	237492	16433	221059	5000	125388	95671	11433
甘南州	13975	6606	7369	2522	3411	3958	4084
合计	3211250	804003	2407247	248062	1690715	716532	555941

资料来源：甘肃省统计局调查数据。

就甘肃省各市（州）流动人口数量的分布来看，省会兰州市的流动人口数量最多，其次为庆阳市、天水市和定西市（见图3-10）。2018年，庆阳市流动人口数量达到465357人，天水市流动人口数量为428836人，定西市流动人口数量为397709人。相比较而言，河西地区和甘南州的流动人口数量较少，2018年金昌市流动人口数量只有30233人，甘南州流动人口数量只有13975人。

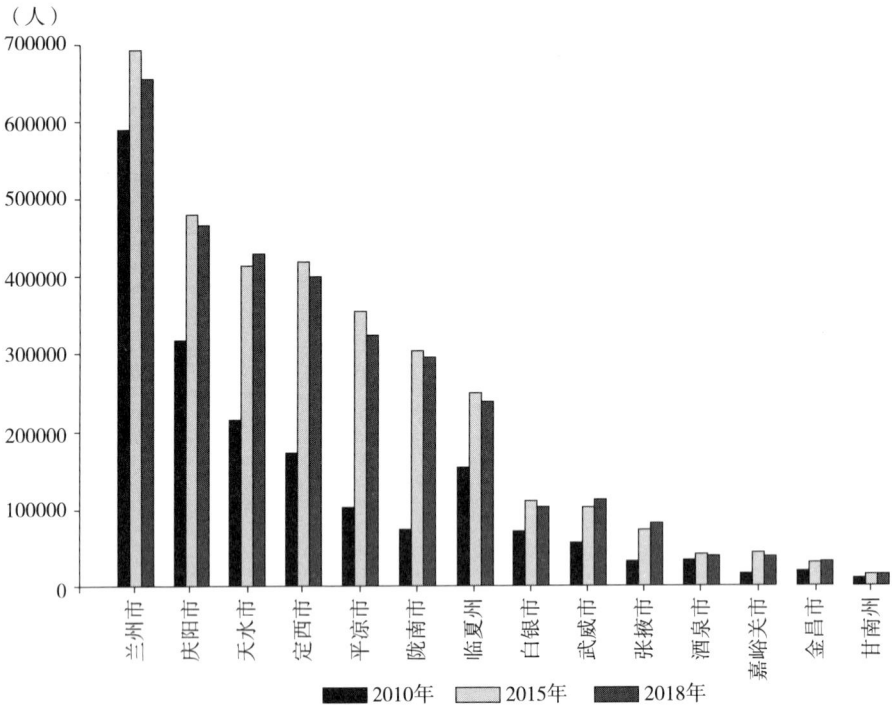

图3-10　2010~2018年甘肃省各市（州）流动人口数量变化

资料来源：甘肃省统计局调查数据。

2. 流动人口流入流出状况

就人口流动状况来看，甘肃省人口净流入的城市主要是省会城市兰州市。河西地区的嘉峪关市、酒泉市和金昌市是甘肃省为数不多的人口净流入地区。除此之外，甘肃省大部分市（州）都是较为典型的人口净流出地区。人口净流出规模较大的地区有天水市、庆阳市、定西市、平凉市和陇南市等地区（见图 3-11）。

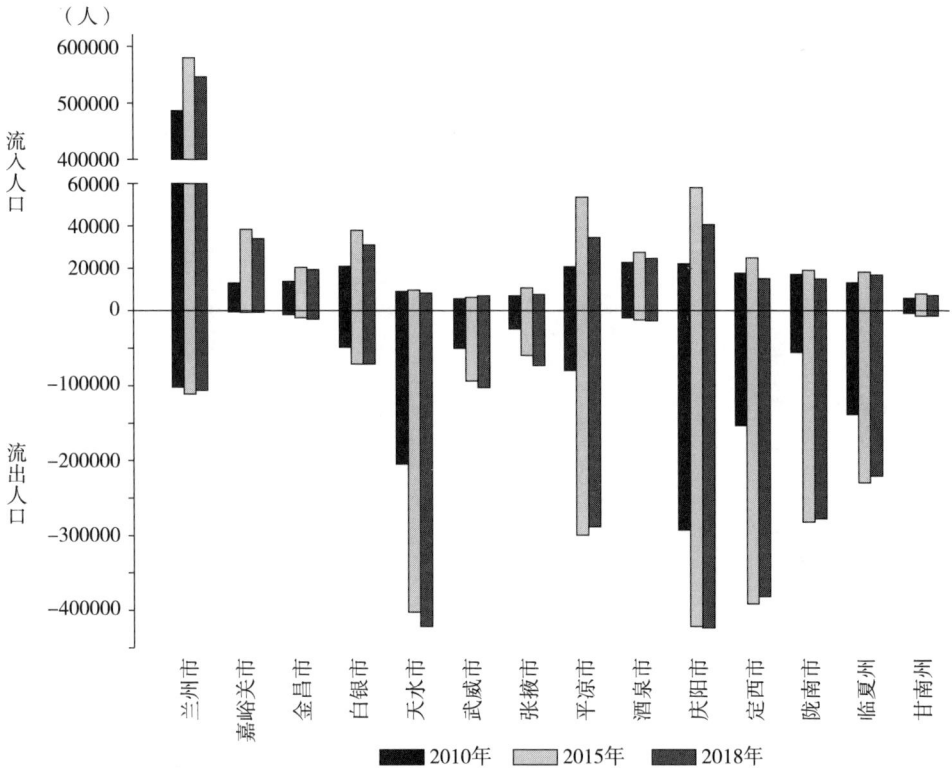

图 3-11　2010~2018 年甘肃省各市（州）流动人口流入流出状况

资料来源：甘肃省统计局调查数据。

3. 流动人口省内流动状况

就省内人口流动状况来看，兰州市是甘肃省内人口流动的主要流入地，每年集中了近 40 万的省内流动人口。除兰州市外，庆阳市、平凉市、白银市以及嘉峪关市、酒泉市、金昌市也吸引了一定规模的省内流动人口。当然，相比于流入人口，甘肃省大部分市（州）都是省内人口流动的净流出地区，特别是定西市、庆阳市、天水市和临夏州等地区（见图 3-12）。

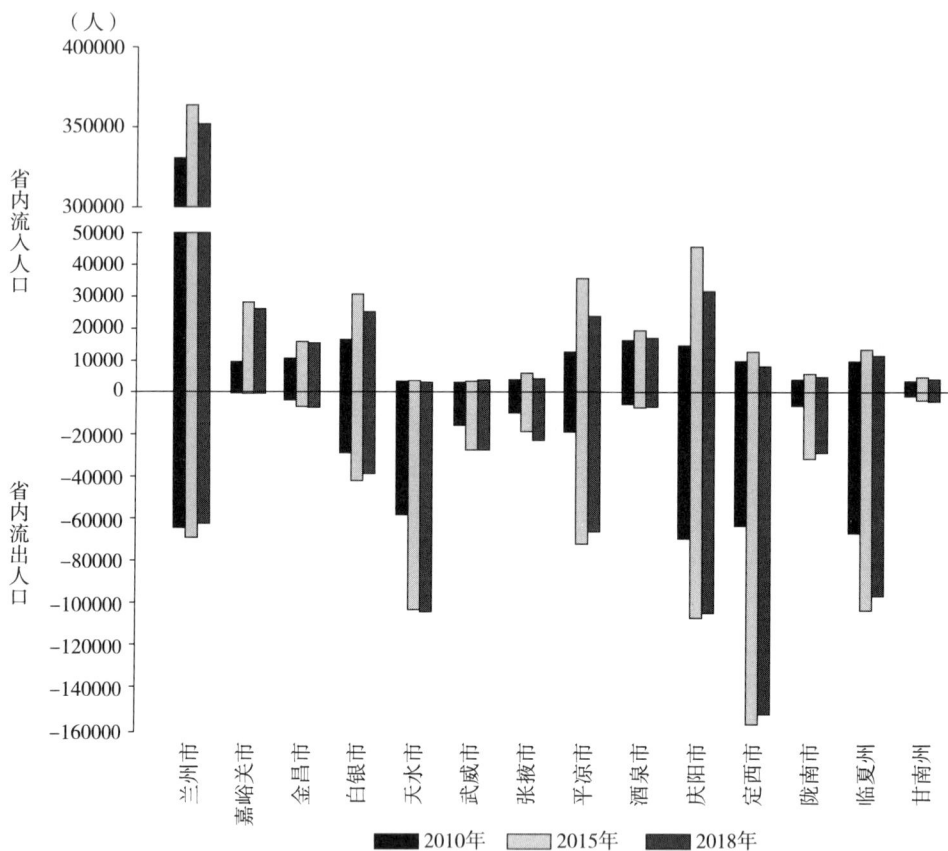

图3-12 2010~2018年甘肃省各市（州）省内流动人口状况

资料来源：甘肃省统计局调查数据。

4. 流动人口跨省流动状况

就跨省人口流动状况来看，兰州市依然是人口跨省流动的主要流入地，每年集中了近18万的跨省流动人口。除兰州市外，甘肃省其余市（州）吸引跨省流动人口的能力都十分有限。相比于跨省流入人口，甘肃省大部分市（州）都是跨省人口流动的净流出地区，特别是庆阳市、天水市每年跨省流出的人口规模都在30万人左右；而定西市、陇南市、平凉市等地区每年跨省流出人口规模也保持在20万人左右，是较为典型的人口跨省流动净流出地区（见图3-13）。

（人）

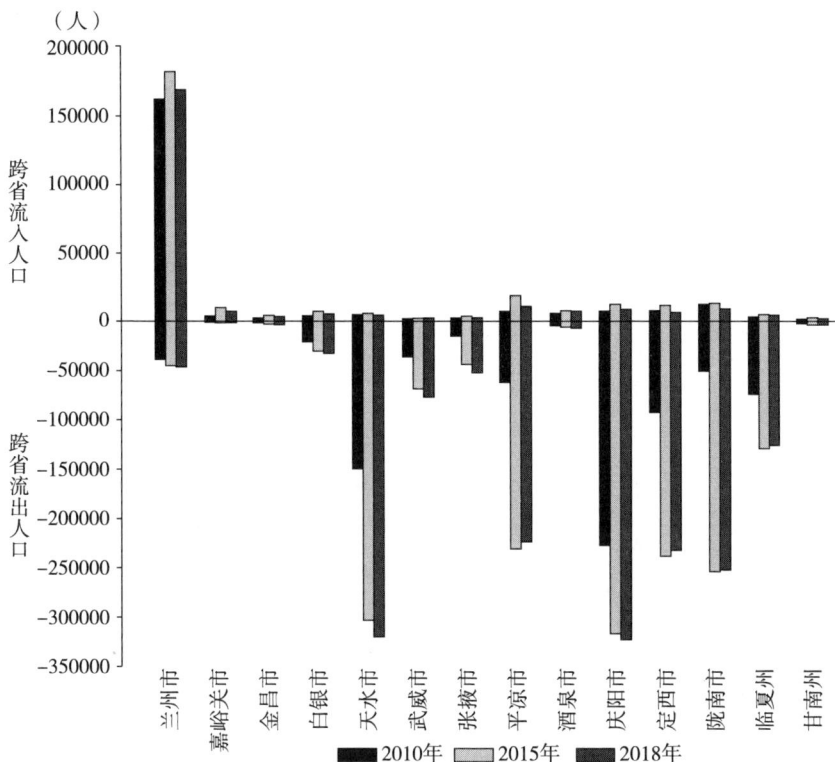

图3-13 2010~2018年甘肃省各市（州）流动人口跨省流动状况

资料来源：甘肃省人口统计局调查数据。

第三节 城镇化发展及格局变动

一、甘肃省城镇化发展历程和发展特征

1. 甘肃省城镇化发展历程

（1）城镇化发展历程。

改革开放至今，甘肃省的城镇化水平呈现不断上升的趋势，具备"S"形曲

线的局部特征。当前学界达成的共识是城镇化率在不同发展阶段的成熟度是有差异的，城镇化率在30%以下为城镇化发展的初级阶段，城镇化发展较慢；城镇化率在30%~70%为城镇化快速发展阶段；而城镇化率在70%以上则为城镇化发展的成熟阶段。具体来看，2001~2019年，甘肃省整体的城镇化水平呈波动式上升，年均增加约1个百分点。2001年甘肃省城镇人口为618.47万人，城镇化水平为24.51%；2005年城镇人口为764.04万人，城镇化率突破30%，达到30.02%，进入城镇化加速发展阶段；2013年城镇人口为1036.23万人，城镇化水平为40.13%，城镇化发展取得了较大的进步；2019年城镇人口达到1283.74万人，城镇化水平为48.49%，总体提高了23.98%。同时，甘肃省城镇化进程表现为阶段化特征，其中2001~2006年为起步增长阶段，这段时期城镇化水平提高了6.58%；2006~2011年为缓慢增长阶段，这段时期城镇化水平提高了6.06%；2011~2019年为快速增长阶段，城镇化水平提高了11.33%。

目前甘肃省的城镇化尽管进入了快速发展阶段，但与全国相比还有一定的差距。截至2019年，我国城镇化水平已经达到60.60%，全国已进入城镇化快速发展阶段的后期，2020年甘肃省城镇化率达到52.23%，依然低于全国平均水平。同时，甘肃省城镇化的增速虽然也呈现快速上升的态势，但与全国相比，甘肃省城镇化水平的年均增速落后于全国（见图3-14）。

（2）各市（州）城镇化发展历程。

虽然甘肃省整体的城镇化建设已经取得了显著的进步，但是区域城镇化发展不均衡、差异显著，并且有扩大的趋势。2019年，只有嘉峪关市、兰州市、金昌市、酒泉市、白银市等几个城市的城镇化率超过50%，其余城市的城镇化率均低于50%，差距明显。2019年甘肃省嘉峪关市的城镇化水平依旧排名第一（93.68%），城镇化水平较高的区域主要分布在兰州市与河西地区（金昌市、酒泉市），而城镇化水平相对较低的区域主要集中在南部地区，如陇南市、甘南州等地区的城镇化水平显著低于甘肃省平均水平，陇南市城镇化水平最低，只有34.82%，刚跨过城镇化水平的初级发展阶段；东部地区的城镇化率基本在40%上下波动，刚刚进入快速发展阶段，如平凉市、庆阳市等（见图3-15）。由此说明，甘肃省的城镇化水平呈现两极化分布，河西地区的发展水平普遍高于陇东南地区。

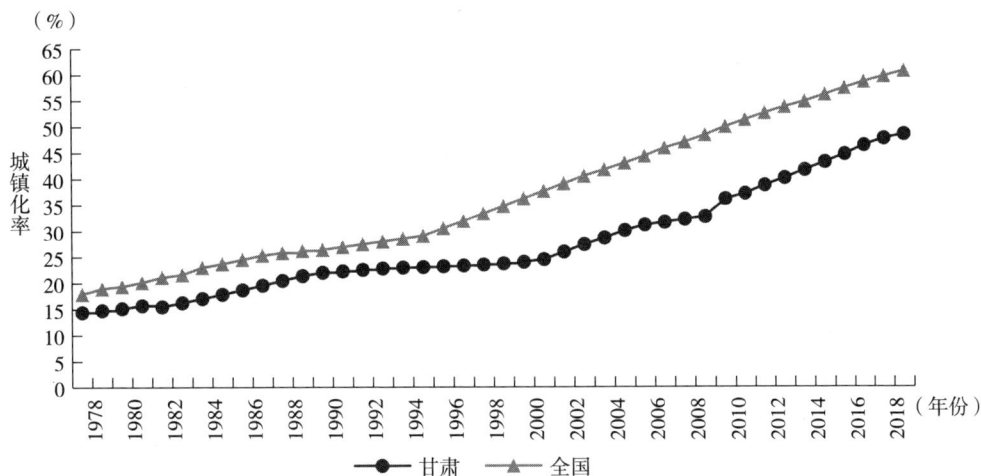

图 3-14　1978~2019 年甘肃省城镇化率与全国的对比

资料来源：《甘肃发展年鉴（2020）》《中国统计年鉴（2020）》。

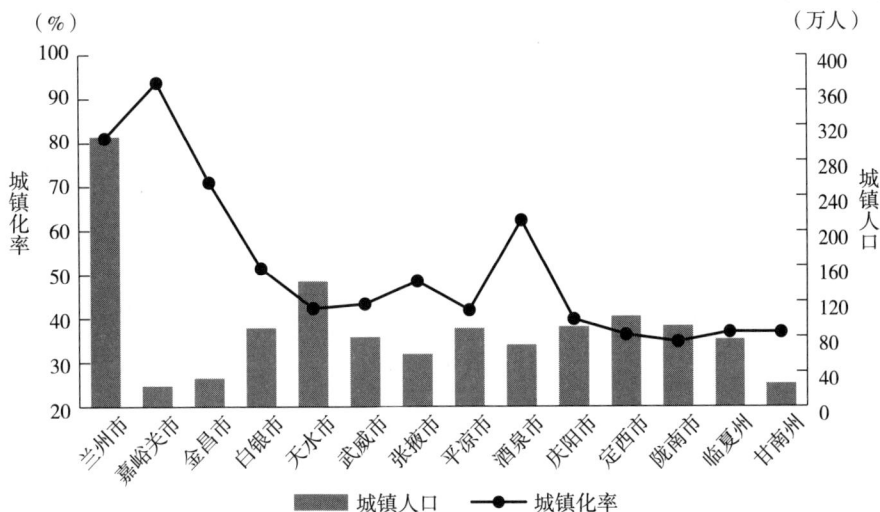

图 3-15　2019 年甘肃省各市（州）城镇化率

资料来源：《甘肃发展年鉴（2020）》。

2. 甘肃省城镇化发展特征

2019 年末甘肃省常住人口为 2647.43 万人，比 2018 年末增加了 10.17 万人。其中，城镇人口 1283.74 万人，占常住人口的比重（常住人口城镇化率）为 48.49%，比 2018 年末提高 0.8 个百分点，城镇人口增加了 26.03 万人，农村人口比 2018 年减少 15.86 万人（见图 3-16）。

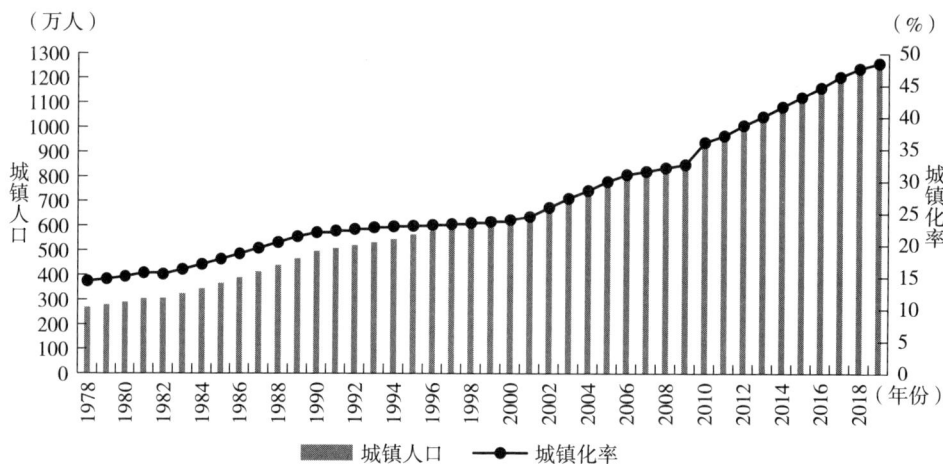

图 3-16 1978~2019 年甘肃省城镇人口及城镇化率

资料来源：《甘肃发展年鉴（2020）》。

（1）城镇化发展速度快，但明显落后于全国平均水平。

改革开放的 40 多年是甘肃省城镇化水平快速提高的 40 多年。1978 年，甘肃省城镇人口仅有 269.44 万人，城镇化率为 14.41%；到 2019 年，城镇人口为 1283.74 万人，增加了 1014.30 万人，城镇化率提高到 48.49%，提高了 34.08 个百分点（见图 3-17），说明甘肃省城镇化水平在时间上呈稳步递增的发展趋势。

甘肃省城镇化率一直低于全国水平，差距呈逐渐缩小的趋势。1978 年，甘肃省城镇化率比全国低 3.51 个百分点，到 2019 年比全国低 12.11 个百分点，差距最大的 2009 年比全国低 15.69 个百分点；"十五"计划期间甘肃省城镇化率比全国平均低 13.11%，"十一五"规划期间差距增加至 14.38%，"十二五"规划期间差距减少到 13.51%，"十三五"规划期间差距继续减少至 12.20%，说明近些年甘肃省城镇化率与全国的差距呈逐渐缩小的趋势。

2019 年，我国的城镇化率已经达到 60.60%，但甘肃省的城镇化水平还明显落后于全国平均水平，处于最后一个梯队，即处于全国 25 位之后。同时，2010 年全国城镇化率已达到 49.68%，而甘肃省 2019 年的城镇化率仅为 48.49%，说明甘肃省城镇化发展水平落后全国平均水平 10 年左右。国务院公布的《国家新型城镇化规划（2014—2020 年）》要求，2020 年常住人口城镇化率要达到 60%，2019 年我国的城镇化率达到 60.60%，已经提前实现了常住人口城镇化率的目标。

（2）区域城镇化发展不均衡。

甘肃省区域城镇化发展不均衡。2019 年甘肃省 14 个市（州）中，嘉峪关市的城镇化率最高（93.68%），陇南市的城镇化率最低（34.82%），两市城镇化率相差 58.86 个百分点。与全国平均水平相比，2019 年甘肃省城镇化率高于全国城镇化率的城市分别为嘉峪关市（93.68%）、兰州市（81.04%）、金昌市（70.95%）、酒泉市（62.44%），其余 10 个市（州）的城镇化率均低于全国平均水平（见表 3-12）。

表 3-12 2008 年与 2019 年甘肃省各市（州）城镇化率和城镇人口增长比较

区域	2008 年		2019 年		城镇人口增量（万人）
	城镇化率（%）	城镇（常住）人口（万人）	城镇化率（%）	城镇（常住）人口（万人）	
甘肃省	32.15	823.42	48.49	1283.74	460.32
兰州市	59.66	197.48	81.04	307.21	109.73
嘉峪关市	90.32	18.95	93.68	23.71	4.76
金昌市	57.58	27.23	70.95	32.51	5.28
白银市	35.2	61.64	51.43	89.53	27.89
天水市	28.25	96.79	42.29	142.46	45.67
武威市	33.54	64.11	43.32	79.05	14.94
张掖市	34.5	44.22	48.55	60.08	15.86
平凉市	29.85	65.54	41.98	89.21	23.67

区域	2008 年		2019 年		城镇人口增量（万人）
	城镇化率（%）	城镇（常住）人口（万人）	城镇化率（%）	城镇（常住）人口（万人）	
酒泉市	57.31	58.07	62.44	70.69	12.62
庆阳市	25.76	64.96	39.92	90.98	26.02
定西市	12.73	37.36	36.40	102.79	65.43
陇南市	19.22	50.32	34.82	92.03	41.71
临夏州	12.42	24.67	37.04	76.73	52.06
甘南州	17.75	12.08	37.00	26.76	14.68

资料来源：笔者根据相关统计资料整理所得。

（3）城市人口增长差异大。

区域城镇化发展的不平衡导致甘肃省各市（州）的城镇人口增长差异较大。2019 年甘肃省城镇人口百万以上的城市是兰州、天水、定西三市。对 2008 年与 2019 年甘肃省 14 个市（州）城镇人口的增长情况进行比较发现：一是甘肃省 14 个市（州）12 年间城镇人口共增长 460.32 万人，兰州市的城镇人口增长了 109.73 万人，约占总增量的 23.84%，同时定西市、临夏州的城镇人口增量也都达到 50 万人以上，三个市（州）总的城镇人口增量占总增量的 49.36%。二是甘肃省中部地区的城镇人口增量占比高达 55.42%，尤其是临夏州的城镇人口增量是 2008 年城镇人口的 2.11 倍，定西市的城镇人口增量高达 65.43 万人，是 2008 年城镇人口的 1.75 倍；陇东南地区的城镇人口增量占比次之，为 32.97%，甘南州的城镇人口增量为 14.68 万人，是 2008 年城镇人口的 1.22 倍，陇南市的城镇人口增量高达 41.71 万人，是 2008 年城镇人口的 0.83 倍，河西地区的城镇人口增量占比为 11.61%，张掖市的城镇人口增量超过了 2008 年城镇人口的 1/3，说明甘肃省城镇化发展增速不断提高，并呈现中部地区>东部地区>西部地区的发展趋势（见图 3-17）。

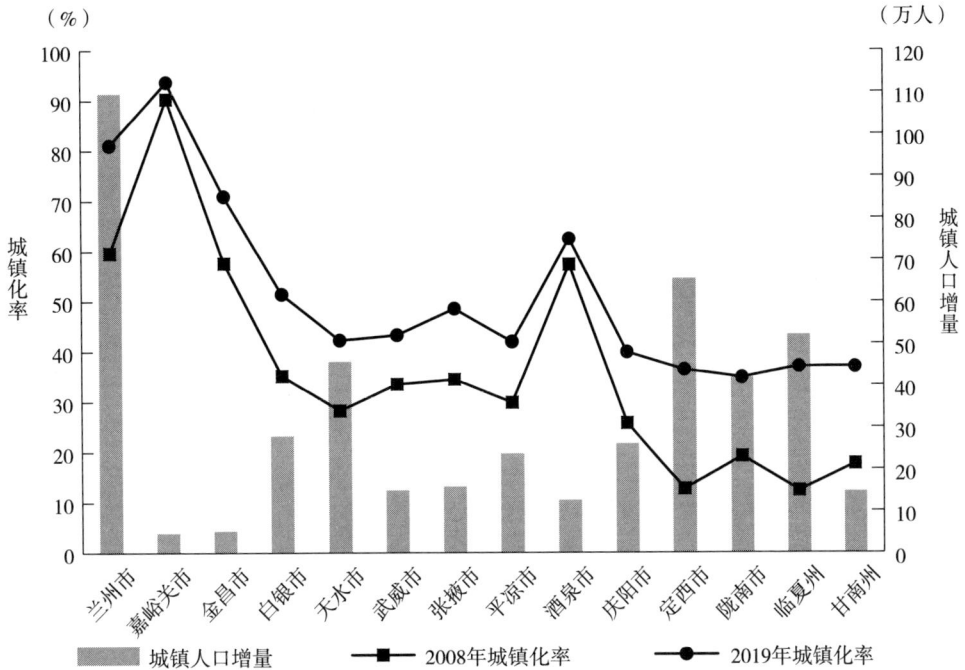

图 3-17　2008 年与 2019 年甘肃省各市（州）城镇人口增长比较

资料来源：《甘肃发展年鉴（2020）》。

二、甘肃省城镇体系及空间分布

1. 城市设置与城市规模结构

（1）甘肃省城镇系统。

城镇体系行政层次系统不但能直观地分析规模结构的演变现状，而且能有效地对城镇体系进行区域划分。截至 2019 年，甘肃省形成了"地级—县级（县、县级市、自治县和市辖区）—乡镇级（镇、乡、民族乡和街道办事处）的三级城镇行政层次系统。甘肃省共设 14 个地级市（州）（其中 12 个省辖市、2 个民族自治州）、86 个县城、1357 个乡镇和街道办事处（见表 3-13）。

表 3-13　2019 年甘肃省城镇体系行政层次系统

层次	等级系统	城镇数目（个）	城镇名称（市（州））
Ⅰ	地级市	14	兰州、嘉峪关、金昌、白银、天水、武威、张掖、平凉、酒泉、庆阳、定西、陇南、临夏、甘南
Ⅱ	县	57	永登、皋兰、榆中、永昌、靖远、会宁、景泰、清水、秦安、甘谷、武山、民勤、古浪、民乐、临泽、高台、山丹、泾川、灵台、崇信、庄浪、静宁、金塔、瓜州、庆城、环县、华池、合水、正宁、宁县、镇原、通渭、陇西、渭源、临洮、漳县、岷县、成县、文县、宕昌、康县、西和、礼县、徽县、两当、康乐、永靖、广河、和政、临潭、卓尼、舟曲、迭部、玛曲、碌曲、夏河
	县级市	5	华亭、玉门、敦煌、临夏、合作
	自治县	7	阿克塞、肃北、肃南、天祝、张家川、东乡、积石山
	市辖区	17	城关、七里河、西固、安宁、红古、金川、白银、平川、秦州、麦积、凉州、甘州、崆峒、肃州、西峰、安定、武都
Ⅲ	镇	892	—
	乡	305	—
	民族乡	32	—
	街道办事处	128	—

资料来源：《甘肃发展年鉴（2020）》。

（2）甘肃省城镇体系规模结构。

依据《国务院关于调整城市规模划分标准的通知》（国发〔2014〕51号），对2001年和2019年甘肃省城镇体系的规模结构演进行分析。从表3-14可以看出，甘肃省总体的城市数量从2001年的14个增加到2019年的18个，并且中等城市的数量由1个上升至4个，大城市数量也由2个增加至3个。同时，甘肃省2001年中小城市数量的占比为85.71%，2019年中小城市数量的占比为83.33%，说明甘肃省主要以中小城市和城镇为主，人口的集聚能力不强。从城市人口规模来看，2019年甘肃省超过百万人口的大城市有3个（兰州市、天水市、武威市都属于Ⅱ型大城市）；人口规模在50万~100万人的城市有白银市、张掖市、平凉市、陇南市4个；人口规模在50万人以下的城市居多，其中Ⅰ型小城市有金昌市、嘉峪关市、临夏州、庆阳市、定西市、酒泉市6个，Ⅱ型小城市5个，包括合作市、兰州新区、玉门市、敦煌市、华亭市。由此可见,甘肃省城镇体系大、中、小城镇规模等级相对齐全,规模层次相对完善,城镇数量和规模呈弱金字塔形分布。

表3-14　2001年和2019年甘肃省城市规模结构

城市规模 (市辖区人口)	分类	2001年 城市数量及 城市名称	2019年 城市数量及 城市名称
大城市 (100万~500万人)	Ⅰ型大城市 (300万~500万人)	0个	0个
	Ⅱ型大城市 (100万~300万人)	2个,天水市、兰州市	3个,武威市、天水市、兰州市
中等城市 (50万~100万人)	—	1个,武威市	4个,白银市、张掖市、平凉市、陇南市
小城市 (50万人以下)	Ⅰ型小城市 (20万~50万人)	7个,临夏州、金昌市、西峰市、酒泉市、白银市、平凉市、张掖市	6个,金昌市、嘉峪关市、临夏州、庆阳市、定西市、酒泉市
	Ⅱ型小城市 (20万人以下)	4个,合作市、嘉峪关市、敦煌市、玉门市	5个,合作市、兰州新区、玉门市、敦煌市、华亭市
合计		14个	18个

资料来源:《甘肃发展年鉴(2002)》和《甘肃发展年鉴(2020)》。

2. 城市的空间布局及特征

改革开放以来,甘肃省城市建设和发展取得了很大的成就,城市的集聚效应、规模效应、辐射效应和带动作用日益突出,城镇化发展空间格局初步形成。伴随着城市整体数量的增加,特别是中等城市和大城市数量和规模的增加,甘肃省初步形成了以兰州市、白银市为核心,以陇海兰新线甘肃省段沿线的敦煌市、嘉峪关市、酒泉市、张掖市、金昌市、武威市、天水市,陇东的平凉市、庆阳市,以及中部地区的临夏州和南部地区的合作市、陇南市等中小城市为节点,以县城为基础的城镇体系布局。

近年来，甘肃省城镇化进入了快速发展的新阶段，城市数量和规模不断扩大，城镇化发展空间格局初步形成。初步形成了兰州—白银都市圈以及天水、平凉、庆阳与关中地区城市间紧密联系的城镇化发展空间格局。

受地理位置、水土资源的约束，甘肃省城镇的空间分布极不均衡，河西地区、陇中地区的城镇化水平较高，陇东地区的人口基数大，但城镇化水平较低，甘南州、临夏州等民族地区的城镇化水平更低。甘肃省城镇分布表现出"大分散、小集中"的特点。甘肃省建制镇以上的城镇主要分布在中部及陇东南地区，并且这些地区的人口较为密集。

三、人口变动下甘肃城镇化发展的空间格局变动

1. 甘肃省城镇化的时空变化

参考汪洋等（2012）提出的标准，将人口城镇化率划分为五个分区：高城镇化水平区（人口城镇化率>80%）、中高城镇化水平区（60%～80%）、中城镇化水平区（30%～60%）、中低城镇化水平区（15%～30%）和低城镇化水平区（<15%）。利用 ArcGIS 的 Manual 分类，将 2008 年和 2018 年甘肃省的城镇化率分别聚类为五大类，根据结果得出了以下具体分异特征。

2008 年，甘肃省的城镇化状况主要表现为：一是中城镇化水平和中低城镇化水平区域的市（州）所占比重较大，说明部分城市的城镇化发展还有很大的上升空间。处于中城镇化水平和中低城镇化水平的市（州）共有 11 个，所占比重达到 78.57%，其中处于中城镇化水平区域的有兰州市、金昌市、酒泉市、白银市、张掖市和武威市 6 个，处于中低城镇化水平区域的有 5 个，分别是平凉市、天水市、庆阳市、陇南市和甘南州。二是甘肃省的城镇化发展水平较低。处于低城镇化水平和中低城镇化水平区的市（州）所占比重为 50%，处于低城镇化水平区域的有定西市和临夏州，而处于高城镇化水平区域的仅有嘉峪关市，其资源丰富、发展较快从而推进了城镇化进程。三是甘肃省城镇化发展水平表现出明显的东西部差异。河西走廊地区的城镇化率相对较高，其城镇化水平明显高于

陇东地区。

从 2018 年甘肃省城镇化率的状况来看，甘肃省处于中城镇化水平区的市（州）有 10 个，分别是白银市、天水市、武威市、张掖市、平凉市、庆阳市、定西市、陇南市、临夏州、甘南州，其所占比重较大，占甘肃省市（州）总数的 71.43%，处于中高城镇化水平区域的有金昌市和酒泉市，处于高城镇化水平区域的有嘉峪关市和兰州市，说明甘肃省城镇化水平在逐年提高，且陇东地区的变化较为明显。

2008~2018 年甘肃省城镇化率的变化主要表现为：一是甘肃省整体的城镇化水平在持续提高，且还有很大的上升空间。处于低城镇化水平和中低城镇化水平区域的市（州）数量在持续减少，处于低城镇化水平的市（州）由 2008 年的 2 个地区减少为 2018 年的 0 个，处于中低城镇化水平区域的市（州）由 2008 年的 5 个减少为 2018 年的 0 个。2008~2018 年低城镇化水平区域的市（州）城镇化率的变化较为明显，2008 年定西市和临夏州均处于低城镇化水平区，经济落后、生活封闭、社会发展程度低、城镇化难度大，但它们以平均每年 2.3% 的速度在 2018 年跃升至中城镇化水平区域，同时 2008 年处于中低城镇化水平区域的 5 个市（州）在 2018 年全部进入中城镇化水平区域，2008 年处于中城镇化水平区域的兰州市在 2018 年跳跃至高城镇化水平区域，金昌市和酒泉市（2008 年处于中城镇化水平区域）在 2018 年也进入中高城镇化水平区域，以上都说明甘肃省的城镇化水平明显提高，且还有很大的上升空间。二是甘肃省城镇化发展呈现区域空间差异明显、非均衡发展的特征，形成了西部、中部高，东部、南部低的空间格局。兰州市作为甘肃省的省会城市，是甘肃省的政治、经济、文化中心，也是甘肃省重要的交通枢纽，近年来加快推进城乡一体化战略，市委、市政府不断加大城市基础设施建设，加快城中村改造力度，有效促进农业转移人口转为城镇居民，城镇人口集聚速度不断加快，城镇化率提升明显，2018 年其城镇化水平居甘肃省第 2 位。嘉峪关市处在河西走廊的中部，其一直处在高城镇化水平区，主要因为其人口数量少，周围几乎都是荒漠地区，不仅是建立在戈壁滩上的西北最大的冶金产业基地，城市居民绝大多数为外来移民，而且也是全国仅有的 4 个"直筒子市"（不设县级行政区的地级市）之一，城镇化率一直远高于全国平均水平。

2. 热点分析

利用热点分析方法可进一步发现甘肃省 2008~2018 年城镇化发展过程中的内部结构。具体通过计算 11 年间甘肃省各市（州）城镇化率的 GiZ 指数，并将结果在 GIS 软件中空间化，把甘肃省各市（州）的城镇化率从低到高依次划分为冷点区、次冷点区、不显著区、次热点区、热点区五大类。

2008~2018 年，甘肃省人口城镇化水平冷热点区的空间分布格局没有发生很大的变化，相对稳定，大体呈现"西热东冷"的空间分布。冷热点分布区域相对较小，且呈团块状聚集分布。冷点区域集中分布在定西、甘南中部地区，热点区域主要分布于河西地区，并且河西地区的酒泉、嘉峪关地区一直是甘肃省人口城镇化水平发展的热点区。

第四节　经验与启示

一、甘肃省人口变化的现状规律

1. 总体变化态势

（1）21 世纪初人口数量出现拐点并趋于稳定。

甘肃省人口发展大致可以分为以下三个阶段：第一阶段，高速增长阶段（1949~1980 年），甘肃省人口增加了 682 万人，是甘肃省人口规模发展最快的一个时期；第二阶段，快速增长阶段（1981~2000 年），甘肃省人口增加了 540 万人，甘肃省人口规模的增加依然处于较快时期；第三阶段，平稳增长阶段（2001 年至今）。2000 年甘肃省人口数量为 2515.31 万人，2019 年增加到 2647.43 万人，甘肃省人口只增加了 130 多万人。2000 年之前，甘肃省人口总量增长较快，而 2000 年之后甘肃省人口总量增速放缓。数据分析表明,甘肃省人口数量变动在 21 世纪初出现拐点,人口增长进入平稳发展阶段。

(2)人口出生死亡水平趋于稳定,平均预期寿命不断提高。

就甘肃省人口出生率和死亡率的变化趋势来看,2000 年以前呈现出不断下降的变化趋势,2000 年以后稳定在一定的水平。特别是 2000~2016 年,甘肃省的人口出生率稳定在 12‰左右,人口死亡率稳定在 6‰左右,人口自然增长率也稳定在 6‰左右,甘肃省人口发展模式接近稳定人口模式。近年来,甘肃省人口出生率、人口死亡率以及人口自然增长率保持在一个稳定水平,并呈现出缓慢下降的趋势,说明甘肃省人口数量进入一个较为稳定的发展阶段。预计未来,新出生人口和死亡人口规模都会呈现出小幅下降的发展态势。

甘肃省人口平均预期寿命呈现出不断增长的趋势。1982 年第三次全国人口普查数据显示,甘肃省人口平均预期寿命为 65.75 岁;2010 年第六次全国人口普查数据显示,甘肃省人口平均预期寿命为 72.23 岁。人口平均预期寿命的增加,体现出甘肃省人民的健康水平和社会生活条件不断向好的发展态势。

(3)人口密度不断增加,老龄化速度不断加快。

就人口密度分布来看,甘肃省常住人口密度从 2000 年的 54.05 人/平方千米增加到 2019 年的 62.16 人/平方千米,甘肃省人口密度不断增加。21 世纪以来,甘肃省人口密度增速不断加快。

老龄化方面,2005 年甘肃省 65 岁以上老年人口数量为 187.38 万人,占到总人口数量的 7.23%,说明甘肃省已经进入人口老龄化社会。2015 年甘肃省 65 岁以上人口数量为 255.39 万人,占到总人口数量的 9.83%,10 年来甘肃省人口老龄化程度进一步加剧。从甘肃省人口年龄结构变动趋势来看,由于甘肃省人口生育率、死亡率相对稳定,当分年龄组高峰人口进入老年人口行列后,将明显增加人口老龄化水平。预计 2025~2035 年,甘肃省人口老龄化将明显加剧。

从甘肃省人口年龄结构来看,2000 年以来甘肃省 0~14 岁人口比重不断下降,而 65 岁以上人口比重不断上升。从劳动年龄人口构成来看,甘肃省 45 岁以上劳动力人口比重不断上升,中老年劳动力人口比例的迅速上升,必然会降低人口红利的有效水平。

（4）人口总体性别比趋于合理区间，但出生人口性别比依然偏高。

从甘肃省人口性别比变动情况来看，总体表现出下降态势。1982年以来，甘肃省总人口性别比（即以女性人口为100的男女人口数之比，一般的合理区间值为90~105）从107.13降至2019年的104.08。

就人口性别结构变动状况来看，甘肃省出生人口性别比依然偏高，明显偏离了正常水平，特别是在低龄人口组。例如，2000年第五次全国人口普查数据显示，甘肃省出生人口性别比为116.28，明显高于正常范围；2015年全国1%人口抽样调查显示，甘肃省出生人口性别比为115.3，依然处于较高水平，这会给未来甘肃省人口发展带来较为不利的影响。

（5）人口流动不断加快，人口流失状况仍在继续。

甘肃省流动人口规模，呈现出不断扩大的态势。2010年，甘肃省流动人口规模为183.95万人；到2018年，甘肃省流动人口规模扩大到321.12万人。其中，兰州市流动人口最多，甘南州、嘉峪关市、金昌市等地流动人口规模相对较小。农业人口数量较多的市（州），流动人口规模扩大较为明显。其中，农业人口较多的庆阳市、天水市、定西市等地是流动人口的主要输出地。

甘肃省是较为典型的人口流失地区。如果将流入与流出人口作为一个整体来看待，2010年流入甘肃省的人口为66.83万人，而流出甘肃省的人口高达117.12万人；到2018年，流入甘肃省的人口为80.4万人，而流出甘肃省的人口高达240.72万人，净流出人口160.32万人，近年来甘肃省人口流失状况有所加剧。

2. 空间分布及变化规律

（1）各市（州）人口稳步增长，部分市（州）人口小幅减少。

通过分析2000年以来甘肃省各市（州）人口规模变化状况可以得知，甘肃省有10个市（州）的人口规模呈现扩大的状态。其中，兰州市的人口规模扩大最为显著，2000~2019年人口共增加了64.84万人。此外，临夏州、酒泉市、天水市人口规模的扩大也比较明显，都在10万人以上。

同时，也有部分市（州）的人口规模呈现减小的状态。人口规模减小最为

明显的市（州）是庆阳市，从 2000 年到 2017 年，庆阳市常住人口规模减小了
16.44 万人。此外，张掖市、定西市和武威市的人口也小幅减少。总体来看，甘
肃省各市（州）人口规模变化呈现不均衡的状态，人口规模扩大的市（州）较
多，人口规模减小的市（州）相对较少。

（2）城市核心区人口快速增加，城镇化聚集人口效应凸显。

就甘肃省各县区人口规模变化状况来看，城市核心区人口规模迅速扩大是最
为明显的变化。其中，兰州市城关区人口增加幅度最大，2000～2017 年，常住人
口规模累计增加了 37.92 万人；兰州市七里河区、安宁区、西固区的人口都有一
定程度的增加，增加幅度为 3 万～10 万人。

在甘肃省其他市（州）中，酒泉市肃州区、临夏州临夏市、天水市秦州区、
武威市凉州区、平凉市崆峒区、庆阳市西峰区、陇南市武都区等地的常住人口规
模明显扩大。2000 年以来，上述地区常住人口的增加幅度都在 5 万人以上，体现
出这些城市核心区在吸引人口方面所具有的巨大优势，也表明在城市化进程中，
人口不断向城市聚集的普遍规律。此外，也有一些县的人口规模有明显增加，例
如酒泉市瓜州县、天水市武山县、陇南市西和县，特别是临夏市的广河县和东乡
县，常住人口规模增加明显，2000 年以来增加幅度都在 3.5 万人以上。

部分区县的人口规模出现了下降的趋势。较为明显的地区集中在庆阳市，如
庆阳市宁县、镇原县、庆城县 2017 年的常住人口规模相比于 2000 年减小了 5 万
人以上。除了庆阳市的这些县，定西市安定区，武威市民勤县、天祝县，白银市
会宁县，酒泉市玉门市都出现了常住人口减少的现象，减少 2 万～6 万人。

（3）多数市（州）人口密度不断上升，且呈现出南高西低的状态。

2000 年以来甘肃省各市（州）人口密度变化呈现出各不相同的状态。其中，
人口密度较高的地区主要集中在甘肃省中南部的兰州市、临夏州和天水市。兰州
市的人口密度最高，2017 年达到了 286.89 人/平方千米；临夏州的人口密度次
之，2017 年达到了 255.51 人/平方千米；天水市的人口密度在 2017 年也达到了
238.56 人/平方千米。

人口密度较低的地区主要分布在甘肃西部，包括酒泉市、张掖市和甘南州等
地区。其中，酒泉市的人口密度最低，2017 年只有 5.85 人/平方千米；其次为甘

南州，2017 年的人口密度为 18.85 人/平方千米；张掖市的人口密度也较低，2017 年为 29.98 人/平方千米。

从人口密度的变化状况来看，甘肃省大部分地区的人口密度都呈现出不断增加的趋势，其中增加最为明显的地区是嘉峪关市。纵向比较来看，嘉峪关市 2000 年的人口密度为 79.75 人/平方千米，到 2017 年人口密度已经达到 124.9 人/平方千米。

与此同时，部分地区的人口密度也出现了下降的趋势，主要包括庆阳市、定西市、张掖市和武威市。其中，相比于其他地区，庆阳市的人口密度下降是最为明显的，从 2000 年的 89.67 人/平方千米下降到 2017 年的 83.58 人/平方千米。

（4）各市（州）流动人口数量持续增加，兰州市虹吸效应比较显著。

就人口流动总的变化趋势来看，从 2010 年到 2015 年，甘肃省各市（州）流动人口数量不断增加，如兰州市 2010 年的流动人口数量为 588097 人，到 2015 年流动人口数量增加到 691954 人；而在 2015 年之后，受到全球经济增速放缓大背景的影响，各地流动人口数量增速放缓，甚至有所下降，如兰州市流动人口数量在 2018 年下降到 654743 人。

就甘肃省各市（州）流动人口数量的分布来看，兰州市的流动人口数量最多，其次为庆阳市、天水市和定西市。2018 年，庆阳市的流动人口数量达到 465357 人，天水市的流动人口数量为 428836 人，定西市的流动人口数量为 397709 人。相比较而言，河西地区和甘南州的流动人口数量较少。2018 年金昌市的流动人口数量只有 30233 人，甘南州的流动人口数量只有 13975 人。

就流动人口流动状况来看，甘肃省人口净流入主要集中在省会城市兰州市。河西地区的嘉峪关市、酒泉市和金昌市是甘肃省为数不多的人口净流入地区。除此之外，甘肃省大部分市（州）都是较为典型的人口净流出地区。人口净流出规模较大的地区有天水市、庆阳市、定西市、平凉市和陇南市等地区。

（5）各市（州）流入人口以省内流动为主，跨省流出人口规模庞大。

就甘肃省内人口流动状况来看，兰州市是甘肃省内人口流动的主要流入地，每年集中了近 40 万的省内流动人口。除兰州市外，庆阳市、平凉市、白银市以及河西地区的嘉峪关市、酒泉市、金昌市也吸引了一定规模的省内流动人口。当然，相比于流入人口，甘肃省大部分市（州）都是省内人口流动的净流出地区，特别是定西市、庆阳市、天水市和临夏州等。

就跨省人口流动状况来看，兰州市依然是人口跨省流动的主要流入地，每年集中了近 18 万的跨省流动人口。除兰州市外，甘肃省其余市（州）吸引跨省流动人口的数量都十分有限。相比于跨省流入人口，甘肃省大部分市（州）也都是跨省人口流动的净流出地区，特别是庆阳市、天水市每年跨省流出的人口规模都在 30 万人左右；而定西市、陇南市、平凉市等地区每年跨省流出人口规模也保持在 20 万人左右，是较为典型的人口跨省流动净流出地区。

人口作为人类社会经济因素中最主要和最独特的因素，对土地利用状况有着重要影响，是最具活力的土地利用类型变化的驱动力之一。人通过改变土地利用的类型与结构，增强对土地这个自然综合体的干预，满足自身对生存环境的需求。人口因素对土地利用变化的影响主要体现在人口对土地利用空间分异及时间变化的影响上，人口的时空变化伴随着经济的时空变化，二者互为制约，又互为促进，彼此影响。近年来，甘肃省人口时空变化特点突出，对此，我们应充分利用国土空间规划的统筹能力进行土地宏观调控和用地管制，突出土地利用在经济社会发展中的战略地位，适应人口时空变化下的需求变化。

二、主要启示

1. 人口数量时空变化引致耕地需求变化

多年来，甘肃省加强耕地及基本农田保护，按照"以补定占，先补后占，占优补优，占水田补水田"的要求，对建设项目耕地占补平衡严格审查把关，通过耕地占补平衡动态监管系统进行核减，确保了耕地的占补平衡。甘肃省第二次全国土地调查及 2016 年度全国土地变更调查数据显示，截至 2016 年 12 月 31 日，甘肃省耕地 537.22 万公顷，占甘肃省土地总面积的 12.61%。至 2017 年底，甘肃省共划定永久基本农田面积 5988.59 万亩，其中水田和水浇地面积占划定面积的 23.88%，坡度 15 度以下的农田占划定面积的 62.24%，城市周边划定永久基本农田 174.78 万亩。

随着人口数量和空间结构的变化，供人类生活生存所需的耕地资源数量在不断发生变化，耕地的生态环境背景和耕地质量也发生着相应的变化。目前，甘肃省的人口增长状况略高于全国平均水平，甘肃省人口规模进入一个较为稳定而缓慢的发展阶段。未来，在甘肃省人口规模变动、农业生产效率提升以及农业现代化进程加快的形势下，耕地规模保持稳定应当可以确保基本的粮食安全。耕地作为粮食安全的根本保障，是农业发展和农业现代化的根基和命脉，人多地少的基本省情决定了甘肃省必须实行最严格的耕地保护制度。新一轮国土空间规划的重要内容就是要依据耕地分布状况，根据耕地质量、粮食作物种植情况、土壤污染状况，在严守耕地红线基础上，按照一定比例将达到质量要求的耕地依法划入永久基本农田，确保永久基本农田数量不减少、质量不降低，强化用途管制，强化刚性管控，适应耕地规模化经营趋势，坚决禁止任何单位和个人擅自占用耕地改变用途，或使之闲置撂荒，严格控制城市扩张对耕地尤其是对城市周边地区优质耕地的挤占，确保甘肃省耕地整体规模稳定、耕地质量不降、重要农产品供给充分有效，确保我们的粮食安全。

2. 人口城镇化发展对土地利用结构产生新的需求

人口城镇化和土地利用之间是相互制约又相互促进的。一方面，城市化进程带来城市规模扩张，必将加快其他用地向城市用地转化，生态保护和耕地保护也会受到威胁。同时，生态保护和耕地保护客观上又对城市化扩张下的土地利用有硬性约束，限制城市规模的扩大，促使城市走集约化发展的道路，注重城市化的内涵发展。另一方面，城市化的集聚效应提高了土地利用的效率，城市化进程创造了大量的就业机会，促进了科技的大发展和推广应用，不仅有利于吸收农村大量剩余劳动力，带动广大农村的发展，改善区域产业结构，而且提升了科技对经济社会发展的贡献率，有利于推动土地利用的合理化，反过来又促进城市化的发展。当前，甘肃省仍处于城镇化加速发展时期，人口和产业向城镇集聚的速度明显加快，城镇化蕴含着巨大的发展空间。未来 5~10 年，甘肃省仍将处于城镇化的加速发展阶段，新增城镇人口的时空变化也会对土地利用产生新的需求。

第一，城镇化的加速发展将助推城镇规模扩张，进而导致生态资源和耕地受到威胁，出现城市外延式发展和内部空间结构失衡共存的情况，因此，需要界定好城市开发边界，协调城市建设用地保障与生态环境、耕地保护间的平衡关系。随着人口数量的变化，供人类生活居住的城镇聚落用地以及与之配套的产业用地、基础设施用地、公共服务用地等都会发生相应变化，即土地利用类型、利用程度等都将发生相应的变化，需要通过相关空间变量基于地形地势、土地利用状况、生态系统脆弱性、大气污染程度、人口聚集度、经济发展水平、交通优势等对资源环境承载能力和城市发展能力、潜力和适宜性进行评价，保护好生态建设与农业发展，防止城市无序蔓延，将城镇开发和建设活动控制在划定的地域，优化城市空间布局，引导城镇拓展避开资源环境承载力超载的区域，引导城镇空间在适宜性较高的区域发展，从而促进城镇空间的科学扩张，这对于严格保护城市的自然资源和生态资源，合理引导城市土地的有效开发，控制城市的无序蔓延，具有重要的战略意义。

第二，在新型城镇化推进下，城镇人口聚集区（省会城市、人口净流入城市或人口规模持续增大的城市群）的人地矛盾将更加凸显，土地承载力有限而人口规模增大，城镇发展对土地的需求将会增加。在既有的城乡社会经济发展体系下，快速工业化、城镇化过程驱动中国城镇和农村的人地关系发生了不同程度的变化。城镇化作为人口、社会、经济、文化等多方面因素综合发展的过程，人口城镇化和土地城镇化是其主要表现形式，并发挥着重要作用。通常，城镇化的发展速度呈现倒 "U" 形趋势。目前，甘肃省处于城镇化加速提高的阶段。近年来，随着城镇化的推进，人地矛盾日益凸显，各地不同程度地呈现出人口城镇化与土地城镇化不相协调的发展格局，经济发展水平较高和人口加快集聚的地区的建设用地需求快速提升。适应于此，作为战略储备，对于发展前景良好、动力强劲、人口聚集趋势非常明显的大城市，如兰州市、嘉峪关市、天水市等，在划定城镇开发边界，坚持审慎原则的前提下，可考虑略超越目前的人口城镇化发展水平，适度预留城镇建设用地。

第三，城镇人口规模的增加与吸引能力的提升源于强有力的产业支撑，未来那些人口规模稳定或持续减少、就业吸纳能力弱的城镇，特别是这类城镇中产业发展水平低、投资吸引能力弱、"摊大饼"式发展、土地综合利用效率和投入产出水平低的产业园区，都必须实施土地资源的优化配置、全面整合和集约发展。自 20 世纪 90 年代中期起，各地大规模圈地规划建设产业园区。进入 21 世纪以来，在人口城市化快速发展的同时，土地城市化更是呈现爆发式的扩张，其中产业园区扩张速度明显加快，农地资源不断减少。当前，甘肃省正处于城镇化快速发展的关键时期，随着市场经济的加速推进与产业结构的转型升级，城镇化和产业转型中累积的诸多矛盾日益凸显，这些都要求对土地资源及功能予以调整。要采取多种方式推进城镇低效用地的再开发，鼓励原有土地使用权人、农村集体经济组织、市场主体开展和参与城镇低效用地的再开发，统筹兼顾低效用地再开发各方利益，完善城镇低效用地再开发各类历史遗留用地手续，积极稳妥推进城镇低效用地再开发。鼓励存量建设用地挖潜，对利用城镇存量土地进行建设的，可适当减免城市基础设施建设配套费；积极发挥税收的杠杆作用，加强土地闲置费征收，增大土地保有成本，抑制土地投机与浪费行为，促进土地流转，避免土地闲置。

第四，伴随着城镇化的发展和城镇人口的增加，与人口年龄结构、知识结构、性别结构、地域结构等变化相适应，城镇产业结构、就业结构、消费结构、基础设施配套等也将会有相应的变化，需要相应的土地保障。要合理确定交通、水利、能源、通信、网络等基础设施用地规模与布局，科学合理地安排土地利用结构和功能分区，谋求土地利用效益的最大化。要通过优化产业结构、调整产业布局等来实现土地资源的少投入多产出，提高单位土地的投入产出水平，使土地从粗放利用到集约利用转变。要改变传统产业中以"高投入、高消耗、高污染"为特征的生产模式，实施绿色清洁生产，保障废弃物处理及循环综合利用所需用地，提高经济活动的效益。要依据城镇就业人口特别是农村转移人口在城镇就业的特点，在改革城镇住房体制和完善住房供给体系的同时，满足其在城镇稳定居住的用地需求。

第五，兰州市作为省会城市，人口居住的郊区化成为大城市人口分布的直接表现，与此相对应，城市土地利用拓展的空间形态会以圈层式蔓延为主。通常来看，伴随着城市化初期中心城市地域的扩大，城市中心和外围区的人口增加，中心区的人口增速高于外围区，人口增加到一定程度，中心区的人口增加就会放慢直到停滞，外围区人口增加速度就会超过城市中心区。兰州市中心区与城市边缘之间的耕地大多被新增建筑用地取代，城市土地利用的活跃中心正在向外围拓展。兰州市近郊区人口增长幅度较快，增长区域偏向于中心城区的东西两端、兰州新区、远郊区人口增长幅度有限。城市扩张人口向外围圈层迁移和经济要素的集聚、转移，都要求城市土地适度拓展。

3. 高品质宜居需求带来新需求

随着人口规模的扩大以及新型城镇化推进下人口聚集度的提高，人们对宜居环境的需求越来越强烈。一方面，人们利用土地更强调战略性长远性规划，更强调人与自然和谐共生发展。为此，土地利用必须界定好生态保护红线，应保尽保、应划尽划，不得在自然保护区、生物多样性维护区、一级水源保护区、国家公园、森林公园、风景名胜区、文物保护区、地质灾害频发区、地质公园、水土保持和防风固沙重点区等生态环境敏感区域安排项目，不得随意违规毁林、填湖和破坏湿地等，以确保人们有清洁的水源、充足的氧气、适宜的气候、肥沃的土地、多样的生态产品、宜居宜业的发展环境，确保甘肃省人民生存发展的可持续性。另一方面，人口规模的增大导致人们对水资源的需求量加大，城镇用水结构（生产用水、生活用水和生态用水等）也会发生相应改变，建设相应的供水排水等配套设施需要土地。同时，人口的增多也将带来大气污染、水污染、温室气体排放、各种固体垃圾废弃物的增加，环境压力增大，需要建立相应的污水处理、垃圾处理、环境净化等方面的企业实体和配套设施，必然加大这些方面的用地需求。

4. 人口老龄化对土地利用结构有新需求

顺应甘肃省进入人口老龄化阶段的发展趋势，构建和谐稳定的社会环境，必须更好地满足老年人医、养、学等多方面的发展需求，确保相应的土地供应与土地保障。近年来，甘肃省人口的老龄化趋势不断加快。目前 15~64 岁人口已处于高位状态，后期下降趋势明显，65 岁及以上老龄人口呈现持续增加的态势。

老年人需求主要分为养的需求、医的需求、教的需求、学的需求、为的需求和乐的需求六个部分，这六个部分的需求是相辅相成、相互促进的：老有所养是基础，老有所医是保障，老有所教是手段，老有所学是动力，老有所为是方向，老有所乐贯穿老年生活的始终。这些需求是有层次的，养的需求和医的需求是最基本的需求，属于最低需求，教的需求、学的需求属于中间需求，为的需求处于核心地位，乐的需求是老年人追求的最高目标。国土空间规划，要顺应甘肃省人口老龄化的趋势，充分考虑老年人口规模、人口结构、人口空间分布、养老模式的变化，为老年人养老、医疗、康养照顾、教育学习、文化娱乐等方面的场所建设提供土地保障。

5. 人口结构不均衡影响需求的变化

不同区域人口数量不同，土地利用程度亦有明显的差异。随着人口数量的变化，土地利用程度和利用结构也将发生相应的动态变化。通常人口因素的变化是一个连续不断进行的过程，而土地利用的变化则表现为阶段性的跳跃式的过程，土地利用格局既要与人口变化态势相适应，又影响着人口的时空变化。

目前，甘肃省人口结构呈现如下特点：一是甘肃省各市（州）人口规模变化呈现不均衡的状态。近年来甘肃省 14 个市（州）中，有 10 个市（州）的人口规模呈现增长的状态，兰州市的增长最为显著。有部分市（州）的人口规模在减少，人口规模减少最为明显的市（州）是庆阳市。值得注意的是，城市核心区人口规模迅速增加，如兰州市城关区。二是人口分布不均衡。人口密度较高的地区主要集中在甘肃省中南部地区，如兰州市、临夏州和天水市。人口密度较低的地区主要分布在甘肃省的西部，主要有酒泉市、张掖市和甘南州。人口密度增加最为明显的地区是嘉峪关市。总体来看，目前甘肃省人口空间分布很不平衡，东部多西部少，未来兰州市、天水市、陇南市、临夏州将成为人口增长的主要地区。

人口的空间分布既受制于自然条件和水陆交通网络建设状况，也对水陆交通网络产生需求。人口空间分布与转移主要受地形特征和自然条件影响，同时也与区位条件、交通水运干线分布和经济社会发展水平明显相关，所以河西和甘南地区地广人稀，而甘肃省其余地方人口密度相对较大。特别是兰州、天水、定西三市，人口规模和人口密度均较大。未来，甘肃省人口空间分布仍将延续东多西少的格局，兰州市、天水市、陇南市、临夏州将成为甘肃省人口增量的主要贡献地，同时人口空间分布也将对水陆交通网络的通达性、便利性、安全性提出新的需求。一方面，人口需求变化，使城市间交通干线作为城市空间扩张发展轴的地位更加凸显，并要求沿线地域也具有较好的可达性，进而能更好地满足人口就业和生产生活的需要。另一方面，交通干线网络的延伸拓展也可能通过廊道效应改变沿线地域的土地利用类型，提升其土地利用价值，影响到人口的再分布，改变城市整体的空间形态，疏散核心区过于集中的人口，使人口密度分布趋向合理和均衡。中心城区外的其他城区的人口分布由分散和碎片化逐步趋于紧凑和集中化，也就要求土地利用更加集约高效。

6. 人口流出地的新规划要求

甘肃省为人口净流出地区，流动人口虽增速放缓但规模扩大，特别是经济发展水平较低的县区，劳动力大量外流，两栖人口双重占地现象明显，需要对土地开展综合整治。

长期以来，甘肃省是人口流失地区，人口净流入主要集中在省会城市兰州市，嘉峪关市、酒泉市和金昌市也是人口净流入地区。除此之外，甘肃省大部分市（州）都是较为典型的人口净流出地区。2010 年，甘肃省净流出人口 50.29万人，2018 年，甘肃省净流出人口达 160.32 万人，人口流失状况不断加剧。

土地因利用类型不同而利用程度不同。人口密集的城镇的土地利用程度较高，人口稀疏的农村或牧区的土地利用程度较低，土地利用程度的变化与人口的变化呈正相关关系。人口的流动和转移改变了人口分布格局，进而对原有用地需求和用地格局产生影响，使土地利用方式发生相应变化。一方面，农业户籍人口和常住人口快速减少，但农村居民点并未随之退出，一些农村农业用地大量撂荒，土壤肥力下降，土地综合利用率很低；另一方面，农村老旧居民点闲置或居民点土地利用粗放、效率下降，也成为协调农村人地关系的难点。此外，随着整户外流家庭的增多，部分农村学校的生源明显减少，教育资源也需要在保障农村学生教育质量的前提下，进一步优化空间布局。针对外流人口季节性流动的特点，公共服务设施建设可以考虑采取弹性设计方案，既要满足人们回乡对公共服务设施的需求，又要防止人口大量外流导致公共服务设施闲置浪费。配合户籍制度改革、土地制度改革、住房制度改革，村落之间需要整合归并，个别自然村落可能会消失，需要对其土地进行综合整治，在保障耕地红线和提高土地综合利用效率中有效推进乡村振兴。

第四章 未来人口变化及城镇化发展的预测研究

——以甘肃省为例

第一节 人口变化及影响要素

一、甘肃省人口增长的基础因素分析

1. 良好的自然历史环境和雄厚的综合实力为人口增长提供了基础

人口分布在一定程度上受开发历史的影响，而开发历史与自然环境的优劣相联系。同时，经济社会综合实力的提升对人口空间分布的影响作用明显。

甘肃省位于我国的地理中心，北靠内蒙古、宁夏，西北与蒙古国接壤，南邻四川，西连青海、新疆，东接陕西，犹如一根狭长的"链条"把陕川青宁新蒙六省区串联起来，是联结西北、"涉藏邻疆"的咽喉要道，在西北地区"座中联六"。同时，甘肃省地处欧亚大陆咽喉位置，是联系中亚、西亚的交通枢纽，也是我国承东启西、连南通北的重要战略通道和物资集散地。甘肃省是古丝绸之路的锁钥之地和黄金路段，省会兰州市位于我国陆域版图的几何中心。兰州市中心位于北纬 36°03′、东经 103°40′。以兰州市为圆心 2500 千米半径范围内可以辐射除哈尔滨以外的所有省会城市，这种区位优势在我国所有省会城市中绝无仅有。

同时，兰州市是西陇海兰新经济带重要支点，是西北重要的交通枢纽和物流中心，是新亚欧大陆桥中国段五大中心城市（兰州、徐州、郑州、西安、乌鲁木齐）之一，为西北地区第二大城市。甘肃省历史悠久，是中华民族和华夏文明的重要发祥地之一。人文始祖伏羲在这里演绎八卦、教化众生，秦安大地湾遗址距今有着约8000年的历史，周王朝肇始于此，秦帝国初兴于此，各种古文化遗存有10800多处，是华夏儿女弘扬民族文化、传承民族精神的寻根问祖圣地。党的十八大以来，甘肃省文化产业加快发展，华夏文明传承创新区建设获国务院批复，丝绸之路（敦煌）国际文化博览会成功举办，展示了甘肃省深厚的历史文化底蕴。甘肃省独特的区位优势和深厚的文化底蕴，有利于吸引流动人口，促进人口发展。

改革开放以来，甘肃省经济社会发展取得了显著的成就，甘肃省综合实力明显提升，为人口增长提供了坚实基础。

一是经济实力显著增强，经济总量连上新台阶。1952年，甘肃省GDP仅为13.3亿元，1978年增加到64.7亿元，2019年甘肃省GDP总量达8718.3亿元，是1952年的655倍，是1978年的135倍（见图4-1）。党的十八大以来，甘肃省经济总量扩张步伐更快，综合实力显著增强，2013~2019年GDP年均增加397.93亿元，相当于1994年全年的经济总量。

二是经济发展质量不断提升，第三产业成为吸纳就业和促进人口增长的重要因素。甘肃省产业结构逐步优化调整，三次产业结构比由1978年的20.4∶60.3∶19.3调整为2019年的12.05∶32.83∶55.12。第三产业增加值占地区生产总值的比重达到55.12%，高出全国平均水平1.22个百分点，对地区生产总值增长的贡献率达到62.5%。服务业对甘肃省经济社会的支撑效应日益突出，第三产业也成为吸纳就业的重要渠道，三次产业就业人员结构比由1983年的80.2∶10.9∶8.9调整为2018年的53.9∶15.5∶30.6。[1]

其中以文化旅游、文化体育和娱乐、教育、租赁和商务服务等为代表的现代服务业发展较快，文化旅游产业占甘肃省GDP的比重接近8%。2019年，甘肃省接待游客达3.7亿人次，约是2009年3394万人次的11倍，旅游综合收入达

[1] 资料来源:《甘肃发展年鉴（1979）》《甘肃发展年鉴（1984）》《2019年甘肃省国民经济和社会发展统计公报》《甘肃发展年鉴（2020）》《2020年甘肃省国民经济和社会发展统计公报》。

（亿元）

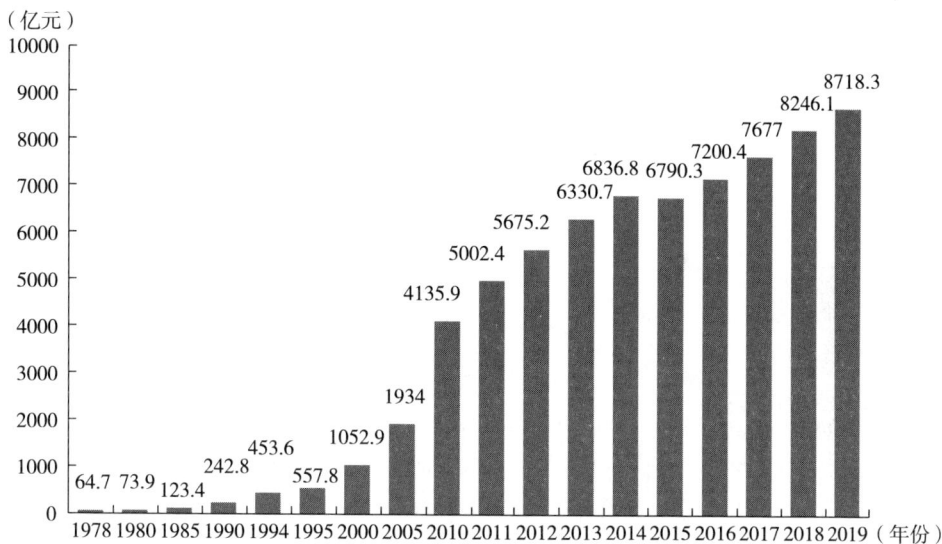

图 4-1　1978~2019 年甘肃省 GDP 情况

资料来源：《甘肃发展年鉴（2020）》。

2676 亿元。2020 年，甘肃省全年国内旅游收入 1454.4 亿元，占甘肃省 GDP 的比重为 16.13%，甘肃省旅游人口增速处于较高水平。[①]

三是城乡居民收入大幅增加。中华人民共和国成立初期，甘肃省 90% 以上的人口是农村居民，收入水平很低。改革开放以来，随着经济快速发展和一系列惠民政策的实施，城乡居民收入节节攀升。2019 年，甘肃省城镇居民人均可支配收入 32323.4 元，约是 1957 年 191 元的 169 倍、年均增长 8.6%，约是 1978 年 408 元的 79 倍、年均增长 11.3%；农村居民人均可支配收入 9628.9 元，约是 1949 年 55 元的 175 倍、年均增长 7.7%，约是 1978 年 101 元的 95 倍，年均增长 11.8%（见图 4-2）。

四是社会保障水平显著增强。改革开放以来，甘肃省全面推进社会保障体系建设，建成了覆盖城乡居民包括养老、医疗、低保、住房在内的社会保障体系。2018 年底，甘肃省参加基本养老保险人数 1771.65 万人，是 1996 年的 15.8 倍，年均增长 13.4%；城乡居民基本医疗保险人数达到 2546.65 万人，基本实现全民医保。人均预期寿命由 1982 年的 65.75 岁提高到 2018 年的 73.58 岁。

---

① 资料来源：《甘肃发展年鉴（1979）》《甘肃发展年鉴（1984）》《2019 年甘肃省国民经济和社会发展统计公报》《甘肃发展年鉴（2020）》《2020 年甘肃省国民经济和社会发展统计公报》。

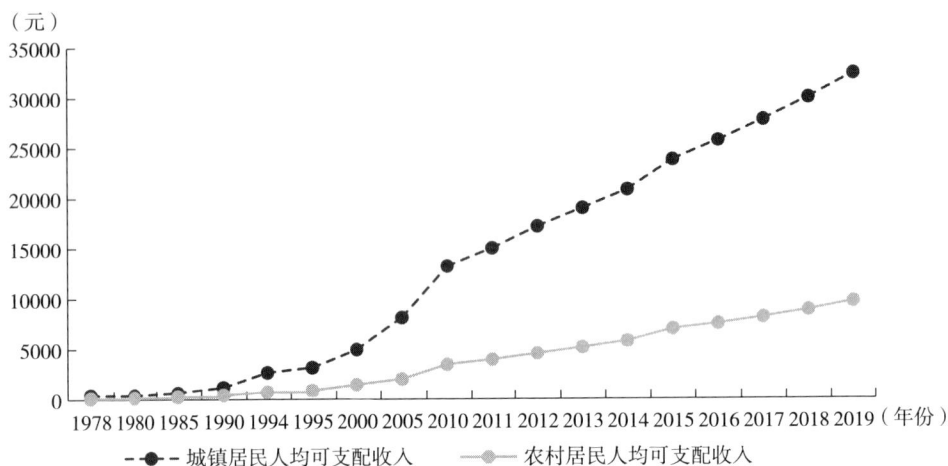

图 4-2　1978~2019 年甘肃省城乡居民人均可支配收入变化情况

资料来源:《甘肃发展年鉴（2020）》。

甘肃省综合实力的显著提升，为甘肃省人口增长、空间集聚和健康发展奠定了坚实的基础。

2. 国家区域发展战略为甘肃省人口增长注入了新活力

政治形势的演变和政府推行的政策会对人口分布产生重大影响，是人口发展的"增长剂"，国家及省级层面的发展战略对甘肃省人口空间格局的形成具有外在的推动作用。

（1）"一带一路"和"西部陆海新通道"的实施为人口增长提供新动力。

甘肃省作为丝绸之路经济带上的黄金段，是联结欧亚大陆桥的战略通道和沟通西南、西北的交通枢纽。"一带一路"建设推动甘肃省将通道优势转化为枢纽型经济发展的新优势。未来甘肃省有望成为我国西北地区对外开放、陆海联动的战略枢纽，从而直接带动商贸物流、信息等产业的超常规发展。而当前甘肃省正在积极融入西部陆海新通道建设，重塑甘肃省的对外开放新格局，凝聚发展新动能，进一步扩大对东盟国家的开放，也将带动甘肃省国际贸易、跨境物流、电子商务、金融以及会展等服务业快速发展，为甘肃省经济转型发展、培育发展新动能和开拓更广阔的市场空间提供难得的机遇。同时，西部陆海新通道带来的增长拉动效应、城市空间极化效应、产业集聚效应与扩散效应、城市群发展效应将极大地拓展甘肃省发展的新空间。

一系列国家发展战略的深入实施，将会进一步带动物流、人流和资金流的聚集与部分重大项目的落地，从而对甘肃省人口规模与人口质量、结构提出新的要求，大量高素质人才的到来将为甘肃省发展提供更多的经济活力和动力。

（2）城市群协同发展战略将极大提升人口的流动和集聚能力。

《关中平原城市群发展规划》《兰州—西宁城市群发展规划》等城市群协同发展战略的实施以及兰州—白银都市圈（即兰白都市圈）建设，有利于推动甘肃省区域人口流动和集聚发展。

《关中平原城市群发展规划》提出，到 2035 年，天水、平凉、庆阳要实现与关中地区城市间更加紧密联系，中小城市和特色镇加快发展的目标。通过进一步优化调整户籍政策，推动城乡基本公共服务均等化，推动与西安、咸阳等城市群身份证、居住证互认，建设生态宜居城市等措施引导农业转移人口进城落户，增强城市对人口的吸引力，提升天水、平凉、庆阳三市的城市人口集聚能力。《兰州—西宁城市群发展规划》提出，要构建"一带双圈多节点"空间格局，拓展区域发展新空间，到 2035 年实现兰白都市圈城镇格局基本形成，区域人口稳定增长和适度集聚的发展目标。通过进一步提升兰州区域中心城市功能，壮大定西、临夏等重要节点城市，推动兰州、西宁两市及兰白都市圈内身份证、居住证互认，增强人口集聚能力和经济发展活力，提升人口总量和经济密度。同时，甘肃省正在深化推动兰西城市群、关中平原城市群建设，积极融入成渝地区双城经济圈。

城市群协同发展战略将会促进人口向区域内中心城市就近集聚和流动。如兰州、天水等区域内中心城市在产业发展、生产生活等方面都具有比较优势，会产生较强的辐射带动效应，为人口流入增添新引力，必将对甘肃省及周边省区的人口形成由近及远的"虹吸效应"。未来，甘肃省约 70%的新增城镇人口将向兰州都市圈、天水都市区、酒嘉都市区、平庆联合都市区集聚。

（3）黄河流域生态保护和高质量发展上升为重大国家战略，为甘肃省高质量发展和人口集聚提供了新机遇。

黄河流域甘肃省段包括甘南、临夏、武威、兰州、白银、定西、天水、平凉、庆阳 9 个市（州），总面积 14.59 万平方千米，占甘肃省总面积的 32%；流域内人口约 1835 万人，占甘肃省总人口的 70%；沿黄流域 9 市（州）2019 年完成 GDP 6710.02 亿元，占甘肃省当年 GDP 的 77%，是甘肃省政治、经济、历史、文化发展的核心区，也是重要的生态涵养区，更是全国脱贫攻坚的主战场之一。黄河流域生态保护和高质量发展战略提出，推进兰州—西宁城市群发展，推进黄河"几"字弯都市圈协同发展，强化西安、郑州国家中心城市的带动作用，推动沿黄地区中心城市及城市群高质量发展。这一区域战略为黄河流域甘肃省段的城市发展迎来重大利好机遇，将促进城市产业和人口集聚发展。

（4）兰州新区和榆中生态创新城加速建设将拓展人口承载新空间。

兰州新区作为甘肃省重要的产业集聚和经济战略平台，在推动甘肃省经济社会发展过程中发挥着重要的作用。兰州新区提出要构建"一主三副"城市格局，着力打造城市核心区，形成产业高端、人口集聚、配套设施完善、公共服务体系健全的现代化新城，到 2030 年新区城市人口规模将达到 100 万人。随着国家战略与城市群发展战略的深入推进，兰州新区将以产业集聚带动人口集聚、人才集聚、资源集聚、要素集聚，带动兰州新区及附近区域进一步发展，为人口集聚发展提供更多的承载空间。

规划建设中的榆中生态创新城，将成为兰州城市副中心，实现与兰州主城区、兰州新区错位发展，在主城区重点强化省会城市功能，新区重点发展制造业的前提下，榆中生态创新城主要突出科教、创新元素和城市副中心功能。一些科研院所、大学院校和市级行政部门将有序向榆中生态创新城拓展搬迁。

3. 以人为核心的新型城镇化发展为人口增长拓展了新空间

以人为核心的新型城镇化的发展为劳动力向城镇转移奠定了基础。根据《甘肃发展年鉴（2020）》数据，1949 年甘肃省人口城镇化率仅为 9.46%，1978 年甘肃省城镇人口仅有 269.44 万人、城镇化率为 14.41%，到 2019 年甘肃省城镇人口达 1283.74 万人、城镇化率提高到 48.49%，较 1978 年提高了 34.08 个百分点（见图 4-3）。

依据《甘肃省人口发展规划（2016—2030 年）》人口城镇化的目标，预计

（%）

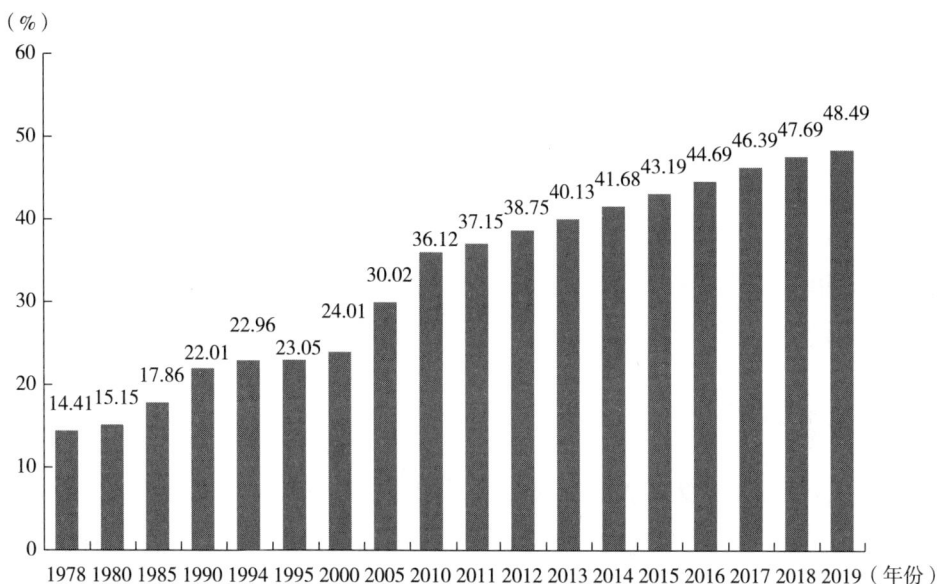

图 4-3 1978~2019 年甘肃省城镇化率变化情况

资料来源：《甘肃发展年鉴（2020）》。

到 2035 年甘肃省城镇常住人口将达到 1790 万人以上，常住人口城镇化率有望达到 64.29%。伴随着城镇化的快速推进和城镇化保障机制的逐步完善，农业转移人口的进城意愿和能力不断增强，"十三五"期间，甘肃省有 240 万以上农业转移人口和其他常住人口在城镇落户，到 2030 年，甘肃省流动人口数量将超过 350 万人。

随着人口城镇化率持续提高，新生小城镇、县级小城市、中小城市的数量也不断增加。依据《甘肃省城镇体系规划（2013—2030 年）》的甘肃省片区城镇体系，兰—白—临—定综合城镇簇群发展区到 2030 年常住人口将增长到 1156.8 万人，城镇化率达到 69.8%，城镇人口为 807 万人；天—陇历史文化与生态经济综合发展区，2030 年常住人口将增长到 618.8 万人，城镇化率达到 49.6%，城镇人口为 307 万人；酒—嘉向西开放门户综合发展区，2030 年常住人口将增长到 150.7 万人，城镇化率达到 81.0%，城镇人口为 122.1 万人；平—庆现代资源型城镇提升发展区，2030 年常住人口将增长到 402.6 万人，城镇化率达到 56.5%，城镇人口为 227.6 万人；丝路文明与生态资源特色发展区 2030 年常住人口将增长到 56.1 万人，城镇化率达到 66.3%，城镇人口为 37.2 万人；金—武绿洲生态城乡统筹发展区 2030 年常住人口将增长到 249.4 万人，城镇化率达到 57.2%，城镇人口为 142.7 万人；张掖绿洲生态城乡统筹发展区 2030 年常住人口将增长到 130 万人，城镇化率达到 61.8%，城镇人口为 80.4 万人；甘南民族文化与生态经济特色发展区 2030 年常住人口将增长到 61.8 万人，城镇化率达到 51.7%，城镇人口为 31.95 万人。

未来，甘肃省城镇化仍处于加速发展时期，省内城市规模急剧扩张，人口和产业向城镇集聚的速度明显加快，城镇化的快速发展也为甘肃省人口增长和向城镇集聚提供了巨大的发展空间。

4. 政策改革为人口增长和集聚提供了保障

一是全面放开的人口政策，为促进甘肃省人口长期均衡发展提供了动力。"三孩"政策的实施可明显地改变甘肃省未来人口的发展轨迹，在一定时期内提升人口增加的速度和幅度，甘肃省总人口的增长速度呈现"快升快降"的增长规律，并且生育政策放开后的人口整体增长速度快于生育政策放开前。随着"三孩"政策效应的发挥，甘肃省的生育水平适度提高，总和生育率逐步向世代更替水平回归。同时，全面"三孩"政策的实施增大了甘肃省总人口的规模，即增大了老龄化系数的分母值，从而延缓了老年人口比重的增长趋势，延缓了老龄化的进程。但从另一个角度来看，"三孩"政策实施后多出生的人口也将给甘肃省未来的资源环境产生更大的压力，并对就业、基础设施和公共服务设施等产生更大的需求，这些都应该成为未来制定相关政策必须考虑的重要因素。

二是户籍制度改革为人口规模扩大和集聚发展提供了保障。为确保实现农业转移人口和其他常住人口在城镇落户的目标任务，2018 年 1 月，甘肃省人民政府办公厅印发《关于进一步健全完善户籍制度改革配套政策推进城镇基本公共服务常住人口全覆盖的实施意见》（甘政办发〔2017〕158 号），明确对农村学生升学和参军人口、农业转移人口以及新生代农民工、高校毕业生、技术工人、职业院校生、留学归国人员和基层就业的高校毕业生，均可在城镇迁移落户，并提出了保障进城落户农民子女平等享有受教育权利、全面落实进城落户农民参加城镇基本医疗保险政策等 11 项具体措施，积极引导各类人口有序向城镇转移落户。同时，为配合关中城市群和兰西城市群的发展，甘肃省采取进一步优化调整户籍政策、降低落户门槛、简化落户手续、全面放开建制镇和小城市落户限制、有序放开中等城市落户限制等措施促进人口的集聚。随着户籍制度改革的深化以及城镇化对人口吸引力的增强，甘肃省人口自由流动潜力将进一步释放。

三是人才激励政策为人口规模的扩大与人口素质的提高提供了支持。为提升人口综合文化素质、加强高层次高技能人才队伍建设，2018 年 3 月甘肃省人民政府发布《甘肃省人口发展规划（2016—2030 年）》，提出要完善吸引高层次创新创业人才政策，增加劳动力供给、深化教育领域综合改革。为促进人才引进，2018 年 4 月，甘肃省人力资源和社会保障厅与甘肃省财政厅印发《关于鼓励支持专业技术人才创新创业若干措施》，提出激励用好现有人才、引进急需紧缺高层次人才、营造良好的人才发展环境等措施。这一系列人才激励引进措施的提出均体现了甘肃省对人口与人才的重视，将为甘肃省人口规模的扩大与人口素质的提高提供一定的支持。

5. 日益完善的交通基础设施为人口集聚和流动提供新便利

新时期甘肃省的交通基础设施建设规模和质量显著提升，多层次城镇交通网络建设加速，城市综合交通运输体系逐渐完善。这些变化将对甘肃省城市化质量和空间格局的演变产生重要影响，包括有效促进人口向城市聚集、提高人口城市间流动的频率等。

目前，甘肃省已具备了联结西北、西南的省域综合交通网络，"高铁+高速+机场"的立体多维交通路网逐步形成。陇海、兰新、宝兰、兰青等铁路干线和连霍高速公路贯穿甘肃省，甘肃省 14 个市（州）已全部实现高速公路贯通；兰渝铁路、十天高速公路已全线开通，初步形成以兰州为中心的铁路、公路交通运输网络。甘肃省拥有 9 座民用机场，运营的航空公司达到 42 家，已累计执行客运航线 221 条、货运航线 4 条，通航城市达 102 个，通达至欧洲、中亚、西亚、东南亚的国家和地区。今后，随着中川国际机场三期建设、中卫至兰州客专等交通枢纽和干线的陆续建设和贯通，甘肃省将实现市（州）民航全覆盖、市（州）有铁路、县县通高速、乡镇通国省道、村村通沥青路，建成互联畅通、便捷高效的综合交通运输体系。这必将极大提升城市的畅通能力，降低城市人口往来成本，显著提高人口流动的频率，促进东中部产业向西部转移，进一步增强人口迁入甘肃省的便利性和主动性。

101

表 4-1 甘肃省主要交通基础设施建设一览表

类型	建设情况
公路	①甘肃省中部兰州—定西—陇西—渭源—临洮—兰州的环形高速网全面建成，打通了甘肃省河西地区西入新疆，东进华北、东北地区，直达北京最便捷的高速通道；②重点推进兰州、酒泉和嘉峪关、天水、张掖、平凉 5 个国家公路运输枢纽，重点建设了一批客运枢纽和货运枢纽场站及物流园区；③以"一横六纵"公路综合运输通道建设为重点，全面推进东西双向交通运输网络发展，连霍、青兰、福银、定武、十天等国家高速甘肃省境内路段全线贯通，实现了甘肃省横向通道全面贯通，纵向通道能力明显提升；④东南部路网密度不断加大，有效支撑了平凉、庆阳传统能源开发和天水、陇南等城乡经济发展，特别是武罐高速、十天高速先后建成通车，打通了甘肃省南下四川的高速通道，使昔日"蜀道难"的陇南从此变通途；⑤西部以连霍高速横向通道为主干，南北纵向通道为支脉，建成了瓜州至敦煌快速通道，区域通道功能明显增强，运输效率显著提升
铁路	①建成通车兰新高铁、兰州至中川城际铁路、兰渝铁路、宝鸡至兰州客运专线等重大铁路项目；②兰州至合作铁路、兰州至中卫高铁、兰州至张掖三四线铁路等一批在建铁路项目正在加紧建设；③将从东西和南北两个方向形成新的铁路大通道，届时国家铁路"四纵四横"客运专线网全面形成
航空	①敦煌机场扩建工程、兰州中川国际机场二期完工并投入使用；②中川机场跨入全国"千万级"大型机场行列，旅客吞吐量增幅连续两年位居全国省会机场首位；③建成陇南成州机场，新建武威民用机场，推进庆阳华池等通用机场建设；④甘肃省已开通了 24 条国际和地区航线及多条直航（"空中走廊"）

资料来源：依据《甘肃省"十三五"综合交通发展规划》整理所得。

二、甘肃省人口发展的制约因素分析

在一定的社会经济背景下，城市资源和环境对人口的承载能力是有限的，同时，生育水平、人口政策、产业政策以及区域发展政策也会对人口规模、人口分布、人口年龄结构、人口流动和集聚产生一定的约束作用。今后 5~15 年，甘肃省人口发展进入深度转型阶段，甘肃省人口内部要素变动更趋复杂，人口与经济社会、资源环境等外部系统关系仍然紧张，人口结构性矛盾和问题更加突出，人口均衡发展的任务十分艰巨。

1. 资源性约束总体趋紧，人口增长面临新挑战

甘肃省地处西北内陆、黄土高原，自然条件较为严酷，生态环境整体脆弱，甘肃省45%的国土荒漠化、28%的国土沙化，90%的天然草原出现不同程度退化，部分地区土地资源、水资源和设施资源的承载压力过大，人口发展与资源环境承载力始终处于不平衡状态。

一是土地资源对甘肃省人口规模具有较强的约束性。目前，甘肃省沙化土地面积1192万公顷，占甘肃省土地总面积的28%，其中中度以上沙化土地面积比例超过95%。甘肃省8市（州）24个县（市、区）有125.73万公顷耕地、454.74万公顷草地、417.92万公顷林地受到荒漠化和沙化威胁。土地沙化问题已对区域社会经济的可持续发展和人口增长提出了严峻挑战。

二是人口与水资源短缺的矛盾始终突出。目前甘肃省人均水资源量仅为全国平均水平的51.1%，但万元GDP用水量是全国平均水平的2倍，甘肃省沿黄流域用44%的水资源量支撑着甘肃省70%的人口和经济总量。今后在国家严格的水资源管理制度下，水资源、水生态、水环境成为甘肃省发展的最大刚性约束，"以水定城、以水定地、以水定人、以水定产"成为各地发展必须坚持的刚性原则。经济规模增长将引致用水增长，甘肃省2030年水资源安全承载的人口数将较2020年减少16%~20%。

三是设施资源不足，城市人居生态环境压力较大。甘肃省城市绿化面积总量不足，大多数城市生态脆弱的状况尚未得到根本改变，城市绿化苗木基地建设滞后，绿化投入成本较全国平均水平偏高。部分城市山体、河流、湿地等面临高强度的开发建设，导致自然植物群落破坏严重，城市绿色生态空间萎缩，城市人居生态环境面临较大压力。

2. 适度生育水平压力较大，人口结构性矛盾的影响日益深刻

目前，甘肃省生育率已较长时期处于世代更替水平以下，根据全员人口信息系统汇总数据计算的甘肃省2016年和2017的年总和生育率分别为1.38和1.45，2017年虽比2016年升高了0.07，但仍在世代更替水平以下。虽然实施全面"二孩"政策后生育率有望出现短期回升，但生育率降低具有一定的趋势性，受生育行为选择变化、育龄妇女数量减少、养育负担加重等因素影响。2017年底，甘肃省常住人口政策外出生5327人，与2016年同期相比增加了73人，比2016年同期下降了0.37个百分点；与之相应地，农业人口和非农业人口政策生育率也分别下降0.37个和0.10个百分点，分别下降为97.24%和99.72%。随着第四次人口出生高峰的回落，甘肃省育龄妇女规模仍将呈现结构性下降的趋势，加上"三孩"政策累计的生育势能将逐步释放完毕，"三孩"政策带来的生育规模增长将逐步被育龄妇女规模结构性下降引起的生育规模下降抵消，甘肃省人口出生规模将逐步回落。长期来看，甘肃省实现适度生育水平的压力较大，人口增长形势并不乐观。

随着人口增长形势的严峻，甘肃省人口老龄化的不利影响加剧。甘肃省人口年龄结构转变速度快于经济发展，人口老龄化程度日趋加深，社会抚养负担日趋加重，劳动力有效供给约束逐渐凸显。2017年，甘肃省14个市（州）中，有11个市（州）65岁及以上人口的比重在10%以上，分别为兰州市、嘉峪关市、金昌市、白银市、天水市、武威市、平凉市、酒泉市、庆阳市、定西市和陇南市，比重最高的兰州市达到12.71%，人口老龄化程度高于全国平均水平，正在接近深度老龄化14%的标准。人口老龄化加剧给甘肃省带来的最大问题是减少了劳动力供给，降低了劳动生产率，进而制约了经济产业结构调整。此外，人口老龄化加剧会导致劳动年龄人口负担加重。随着人口老龄化的加剧，社会劳动年龄人口对老年人的抚养比将越来越大，再加上对幼年子女的抚养，劳动年龄人口的经济负担必将加重。综合以上分析可知，人口老龄化加剧会制约城市经济规模扩张与产业结构调整，进而制约甘肃省人口规模增长。

3. 城乡区域协调发展缓慢，人口区域分布不均衡

经济发展水平及城镇生活水平是吸引人口的一个重要因素。2019年，甘肃省城镇化水平还较低，城镇化率比全国平均水平低12.11个百分点，在全国处于25位之后，对省外人口的吸引力还比较弱。同时，甘肃省城镇化发展很不均衡，甘肃省14个市（州）中，城镇化率在50%以上的仅有嘉峪关市、兰州市、金昌市和酒泉市，城镇化率分别为93.68%、81.04%、70.95%和62.44%；其余市

（州）的城镇化率均低于全国平均水平，而甘肃省城镇化率最低的陇南市城镇化率仅为34.82%，与嘉峪关市相差58.86个百分点。

甘肃省城乡统筹进程缓慢，城乡基础设施和公共服务水平差距较大。与城市相比，甘肃省县区和乡镇农村基础设施建设和基本公共服务滞后。农村水电路气信等基础设施建设水平较低，教育水平、卫生保健、文化服务等总体落后于城市，针对农民的医疗、养老、低保等社会保障总体也低于城镇居民，区域中心城市和主城区对附近城镇和县域的虹吸效应明显。人口规模以省会兰州市为中心向周边递减，除兰州市外，省内其他地区内的人口流动格局差异较大，但各有各的聚集中心。

从甘肃省各地人口情况看，区域间、城乡间人口发展不平衡，城市人口增长差异较大。目前，甘肃省城镇人口百万以上的城市分别是兰州、天水、武威三市。从城镇人口的增长看，2008~2018年甘肃省14个市（州）的城镇人口共增长412.77万人，其中1/4的增量来自兰州市；兰州、定西、临夏、天水、陇南五个市（州）城镇人口合计增长了301.64万人，占甘肃省增量的73.08%。

在甘肃省18个城市中，有10个城市的人口密度高于甘肃省城市平均人口密度。其中，天水市城区人口密度最高（11595人/平方千米），其次依次为武威市、庆阳市、临夏州、兰州市等，张掖市城区人口密度相对最低。同时，受关中平原城市群发展及城市落户、人才引进政策的影响，西安、成都等中心城市对周边城镇的虹吸效应明显，甘肃省内部分市（州）的人口规模呈现减少的状态，人口净流出规模较大的地区有天水市、庆阳市、定西市、平凉市和陇南市等地区，其中庆阳市人口规模减小最为明显，从2000年到2017年，庆阳市常住人口规模减少了16.44万人。同时，甘肃省地理区位优势不明显、经济社会发展水平不高，对高素质人力资源的吸引、集聚能力不强，高素质人才净流出问题更为突出。当前甘肃省正处于由劳动密集型产业向资本、技术密集型产业转变的关键时期，需要大量懂技术、有文化、掌握多重技能的复合型创新人才的支撑。而进入人口老龄化社会，大量劳动力随着年龄增长自身的创新能力、适应能力、知识更新能力必然会减弱，制约新兴产业的发展和产业结构的调整。人口流失会对甘肃省人口规模增长造成直接阻碍，同时，人才流失制约了城市产业结构转型升级、经济发展方式转变，间接约束了甘肃省人口规模的增长。

区域间人口分布不平衡，对甘肃省经济社会发展的影响日益深刻。一方面，加重了部分区域的人口承载压力；另一方面，致使农村人口发展面临要素净流出困境。伴随农村劳动力大量转移，农村空心化等问题日益突出，阻碍了流动人口市民化进程，不利于甘肃省人口资源的最优配置和充分利用，不利于甘肃省经济社会的长远发展，而且人口集聚与产业集聚不同步、人口城镇化滞后于土地城镇化、户籍人口城镇化落后于常住人口城镇化、城乡公共服务资源的空间分布不能适应人口分布的变化等问题依然突出。

另外，甘肃省作为多民族聚居地区，少数民族人口呈增加趋势。2015 年，少数民族人口为 255.13 万人，比 2010 年增加 13.72 万人。但是，城乡、地区间人口发展不平衡，一些农村地区、资源紧缺的城市等存在青壮年人口流失风险，如张掖、定西和武威等地的人口呈现出小幅减少的态势。

4. 人口调控政策亟待进一步完善

从当前政策调控的状况来看，已出台的政策并没有显现出对扩大甘肃省人口规模的积极作用。人口政策方面，甘肃省在近几年才开始逐步放宽人口政策，2016 年开始的全面"二孩"政策不及预期，生育堆积效应业已消退，住房教育医疗等直接成本、养老负担、机会成本高，也抑制了生育行为。2011 年，甘肃省常住人口为 2564.19 万人，2019 年甘肃省常住人口为 2647.43 万人，仅增长了83.24 万人，人口增量较小，人口政策对扩大甘肃省人口规模的积极作用还未完全体现出来。在人口户籍制度政策方面，虽然全面施行了户籍制度改革，进一步放宽了落户条件，但户籍制度背后隐含的教育、就业、医疗、养老等基本公共服务差别还有待进一步消除。城乡、地区间人口流动仍然面临户籍、财政、土地等制度改革形成的体制性约束。因此，通过放宽人口政策扩大城市人口规模在短期内具有一定的吸引力和可行性，但优惠政策吸引力的长期有效性还存在一定的不确定性。

同时，新形势下家庭规模小型化、结构多样化、成员居住分散化趋势明显，导致传统家庭功能弱化，婚姻、生育、养老等方面的新问题不断涌现，而人口服务管理相对滞后于人口变化，这也给人口增长带来了新的挑战。甘肃省可主要从进一步完善人口政策、调整产业政策以及改善资源政策等方面入手，并通过解决人口流出及人口老龄化问题来稳固人口规模。

第二节　人口规模变化预测

一、预测方法比较与选择

目前，人口、经济、城市等规划研究中常见的人口预测方法按照涉及学科及预测思想大致可以分为统计学方法、人口学方法、资源承载力方法、社会经济发展情景方法等不同类型。其中，统计学方法发展较早，算法相对成熟，应用比较广泛；人口学方法基于人口自身规律，是当前比较标准的预测模式；资源承载力方法与社会经济发展情景方法将定性分析与定量预测相结合，与相关规划所涉及的资源、经济等要素关系紧密，越来越多地被应用于人口预测，表4-2为几种方法的简要对比分析。本书主要采用人口学方法预测未来甘肃人口规模及结构等方面的变化趋势。

表4-2　几种预测方法的对比分析

类型	代表方法	基本原理	适用条件
统计学方法	综合增长率法	根据现状人口规模、人口自然增长率以及机械增长率，建立数学公式来进行推算	广泛适用，综合增长率要根据不同的社会经济发展情况分别进行设定
	Logistic模型	考虑到人口规模总数增长的有限性，提出了人口规模总数增长的规律，随着人口规模总数增长，人口规模增长率逐渐下降	适用于人口规模发展速度处于下降阶段
	BP神经网络模型	从未知模式的大量复杂数据中发现规律，进行模拟预测	适用于数据资料较少情况下的人口预测
	GM（1，1）灰色模型	通过累加生成灰色模型，滤去原始数据中可能混入的随机量或其他噪声，从上下波动的时间数列中寻找某种隐含规律	适用于无规律可循或资料不全情况下的预测，短时期内精度最好

类型	代表方法	基本原理	适用条件
人口学方法	队列要素法	根据人口分性别年龄死亡率、分年龄育龄妇女的生育率、出生男女性别比以及净迁移率来计算人口规模和结构	预测精度高，能预测未来人口结构，但其对数据要求较高
资源承载力方法	环境容量法	根据资源环境条件来确定区域允许发展的最大规模	适用于城市发展受自然条件限制比较大的城市
	生态足迹法	计算出特定区域的生态足迹、生态盈亏等指标，用以评价区域的可持续发展状况，进而预测相应的人口规模	适用于生态环境脆弱地区的人口预测
社会经济发展情景方法	相关分析法	找出与人口规模关系密切的、易于把握的、有较长时序统计数据的影响因素，与之建立相关关系进行预测，如就业、产值等	适用于影响因素及作用大小较为明确的区域
	劳动力需求法	将人口规模增长与经济增长速度和科技进步、劳动力、资金等因素在经济增长中的贡献份额挂钩，进而根据各规划期社会经济发展目标预测城市人口规模	适用于分析人口变化与社会经济发展密切相关的地区

二、基于人口学方法的人口规模预测

1. 预测方法与数据

队列要素法是经典的人口预测方法，该方法的主要原理是将人口群体划分为不同的性别和年龄组，进而根据人口分性别年龄死亡率、分年龄育龄妇女生育率、出生男女性别比以及净迁移率来计算人口规模和结构的变化。一般分年龄人口数量的计算公式如下：

$$P_{i,t+1} = P_{i-1,t}(1 - D_{i-1,t})$$

其中，$P_{i,t+1}$ 表示 $t+1$ 年时年龄组为 i 岁的人口数，$P_{i-1,t}$ 表示 t 年时年龄组为 $i-1$ 岁的人口数，$D_{i-1,t}$ 表示 t 年时年龄组为 $i-1$ 岁的人口死亡率；0 岁组人口需要通过分年龄育龄妇女数量和生育率另行计算。具体计算过程借助中国人口与发展研究中心研发的人口预测软件 PADIS-INT 来实现。

研究数据主要来源于《甘肃省 2000 年人口普查资料》《甘肃省 2010 年人口普查资料》《2015 年甘肃省 1% 人口抽样调查资料》以及相关统计年鉴和文献资料。

2. 参数设置方案

（1）起始人口。

预测参数设置主要采用甘肃省 2010 年人口普查获得的数据。起始人口采用《甘肃省 2010 年人口普查资料》中常住人口分年龄 1 岁组人口统计数据。

（2）生育水平。

生育水平受社会经济发展、生育观念等各种因素影响，其变化具有自身的规律性。目前，世界主要发达国家人口总和生育率（TFR）均低于 2.1 的正常更替水平。

2010 年全国人口普查数据表明，我国生育率已下降至 1.18，但许多人口专家认为人口普查中一些没有做户籍登记的新生儿存在漏报现象，因而 TFR 严重被低估。

同全国一样，甘肃省生育率已在较长时期处于世代更替水平以下，2010 年人口普查数据显示甘肃省 TFR 为 1.28。

为预测未来甘肃省人口变化趋势，在参考相关文献资料的基础上，本书根据《甘肃省人口发展规划（2016—2030 年）》，对甘肃省未来的 TFR 假设三种不同的方案（见表 4-3）。

表 4-3   2025~2035 年甘肃省人口总和生育率（TFR）参数设置方案

年份	方案一（低）	方案二（中）	方案三（高）
2025	1.4	1.6	1.8
2030	1.5	1.8	1.9
2035	1.6	1.9	2.1

方案一（低）：以甘肃省 2010 年人口普查数据为基准，假设预测国家的"三孩"生育政策保持不变，绝大部分政策实际影响群体的"三孩"生育计划在"二孩"政策放开后的 5 年内完成，因此将 TFR 的变化前提定为"三孩"政策启动后持续提高，到 2025 年甘肃省 TFR 达到 1.4，并按匀速提高到 2030 年的 1.5，

到 2035 年提高至 1.6。

方案二（中）：考虑到《甘肃省人口发展规划（2016—2030 年）》明确提出 2020 年至 2030 年甘肃省 TFR 要提高到 1.8。因此，在低方案的基础上，假定 2025 年甘肃省 TFR 提高到 1.6，并且持续增长，到 2030 年可实现 1.8 的规划目标，到 2035 年缓慢升至 1.9。

方案三（高）：假设 2025 年甘肃省的 TFR 即可提高到 1.8，随着人口政策不断变化，甘肃省 TFR 持续提高，2030 年达到 1.9，到 2035 年甘肃省 TFR 达到 2.1 的更替水平，并保持稳定。

（3）平均预期寿命预估。

人口平均预期寿命的增速会随着寿命增加而逐渐降低。根据联合国不同水平下出生平均预期寿命的增长规律（见表 4-4），假设甘肃省人均预期寿命在不同阶段按照不同速率增长，具体方案为：人口预期寿命达到 70~72.5 岁时，男性每年增长 0.2 岁，女性每年增长 0.3 岁；在 72.5~75 岁时，男性每年增长 0.16 岁，女性每年增长 0.24 岁；在 75~77.5 岁时，男性每年增长 0.1 岁，女性每年增长 0.2 岁；在 77.5~80 岁时，男性每年增长 0.08 岁，女性每年增长 0.16 岁；在 80~82.5 岁时，男性每年增长 0.08 岁，女性每年增长 0.1 岁；在 82.5~85 岁时，男性每年增长 0.04 岁，女性每年增长 0.08 岁。

表 4-4　联合国期望寿命增加值预测方案　　　　　　　单位：岁

目标期望寿命	每 5 年增长值		目标期望寿命	每 5 年增长值	
	男性	女性		男性	女性
55.0~57.5	2.5	2.5	70.0~72.5	1.0	1.5
57.5~60.0	2.5	2.5	72.5~75.0	0.8	1.2
60.0~62.5	2.3	2.5	75.0~77.5	0.5	1.0
62.5~65.0	2.0	2.5	77.5~80.0	0.4	0.8
65.0~67.5	1.5	2.3	80.0~82.5	0.4	0.5
67.5~70.0	1.2	2.0	82.5~85.0	0.2	0.4

资料来源：联合国 1998 年修订的《世界人口展望》。

根据以上增长方案，以 2010 年人口普查数据中甘肃省男女的平均预期寿命为初值，可推算得出未来甘肃省人均预期寿命的变化情况，由于人口的平均预期寿命变化相对稳定，本次预测仅假设一种方案。

从推算结果看，2025 年甘肃省男女性出生人口平均预期寿命分别为 73.4 岁和 77.22 岁，2030 年分别为 74.2 岁和 78.1 岁，到 2035 年分别增长为 75 岁和 78.9 岁。

（4）出生人口性别比。

甘肃省在全国属于出生人口性别比偏高的省份，出生人口性别比在 1982 年、1990 年、1995 年（1% 人口抽样调查）、2000 年和 2010 年分别为 105.46、111.73、110.15、116.28 和 117.56。针对人口出生性别比例不降反升的现象，国家将甘肃省确定为全国第六次人口普查之后出生人口性别比重点治理省份之一，经过几年时间的综合施治，甘肃省出生人口性别比由 2010 年的 117.56 下降至 2016 年的 112.21。

根据《甘肃省人口发展规划（2016—2030 年）》，甘肃省出生人口性别比 2030 年要稳定在 107。因此，本次预测中出生人口性别比设置共分两个阶段：第一阶段为 2030 年之前，按照初始值与规划值进行线性内插；第二阶段为 2030 年以后，按照规划要求全部设置为 107。

（5）迁移模式。

根据 2018 年甘肃省公安厅人口年报数据，甘肃省总迁移人口（户籍）数量为 54.88 万人，其中迁入人口 21.34 万人，迁出人口 33.54 万人。迁入人口中，省内迁入 17.17 万人，省外迁入 4.17 万人；迁出人口中，迁往省内 15.78 万人，迁往省外 17.76 万人。从省际人口迁移来看，甘肃省净迁出人口 13.59 万人。

从 2000~2018 年省际人口迁移趋势和数量看（见图 4-4），省外迁入人口变化趋势基本稳定，年均迁入 6.16 万人；迁往省外的人口数量总体呈现增长态势，2000 年以来平均每年迁出约 13.7 万人，2014 年迁出高达 24.66 万人，但之后有所回落；甘肃省净迁出人口变动趋势与迁往省外人口的变动趋势基本一致，2000~2018 年年均净迁出人口 7.55 万人，约占 2018 年甘肃省人口总量的 0.29%。

总体来看，近年来甘肃省人口迁移以净迁出为主，但近几年人口净迁出规模有减小趋势，且净迁出人口占甘肃省人口总量的比重较小。因此，根据预测需

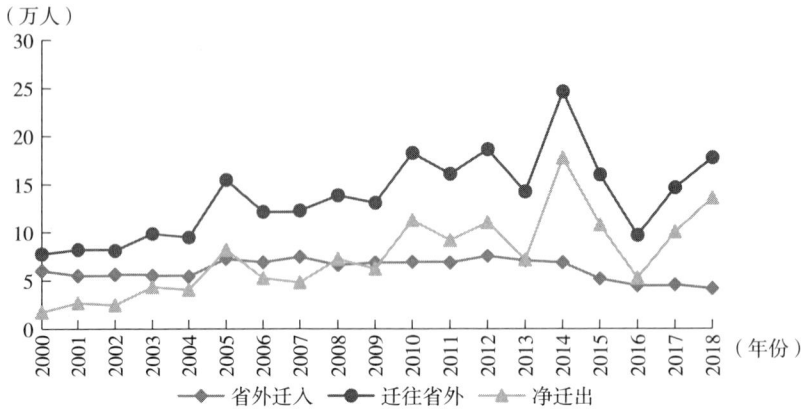

图 4-4　2000~2018 年甘肃省人口（户籍）迁移状况

资料来源：《甘肃省人口及其变动情况统计年报表（2009-2018）》，甘肃省公安厅。

求，设置三种人口净迁移率参数方案（见表 4-5）：

方案一（低）情景下，甘肃省人口仍然呈现净流出态势，净迁移率按照线性趋势递减，2025 年达到 2.69‰，2030 年降为 2.34‰，到 2035 年可降至 1.99‰。

方案二（中）情景下，人口净迁出规模明显变小，2025 年降为 2.26‰，2030 年净迁移率降至 1.86‰，到 2035 年，人口净迁移率降至 1.46‰。

方案三（高）情景下，甘肃省人口净迁移率进一步变小，2025 年可降至 2‰以内，达到 1.75‰，2030 年与 2035 年人口净迁移率分别可达 1.5‰和 1.25‰。

表 4-5　人口净迁移率参数设置方案　　　　　　　　单位:‰

年份	方案一（低）	方案二（中）	方案三（高）
2025	2.69	2.26	1.75
2030	2.34	1.86	1.5
2035	1.99	1.46	1.25

3. 预测结果

从预测结果看，三种方案下甘肃省常住人口规模变化趋势有所不同，大致可归纳为衰退型、稳定型和增长型三个类型（见图 4-5）。

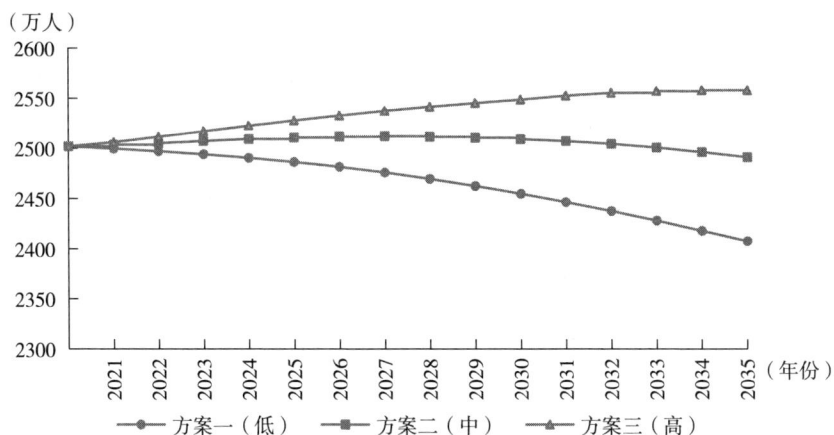

图 4-5　2021~2035 年甘肃省人口变化趋势预测

方案一情景下，甘肃省人口总体规模持续减少，具有明显衰退特征。2025 年甘肃省常住人口降到 2486.43 万人；2030 年进一步降到 2454.82 万人，2035 年可能降至 2407.44 万人，其中女性 1173.87 万人，男性 1233.56 万人，性别比为 105.08。

方案二情景下，甘肃省人口总体规模变化不大，基本保持稳定。2025 年总人口缓增到 2510.82 万人，2030 年总人口数量保持在 2509.17 万人，到 2035 年可能降至 2491.09 万人，其中女性 1216.91 万人，男性 1274.18 万人，性别比为 104.7。

方案三情景下，甘肃省人口总体规模显著增加，具有增长趋势。2025 年甘肃省常住人口规模变为 2527.98 万人，2030 年将增到 2548.74 万人，2035 年常住人口可能将增至 2557.98 万人，其中女性 1251.03 万人，男性 1306.95 万人，性别比为 104.5。

第三节　人口空间分布预测

根据人口总量预测情况，以增长型的方案三（高）预测数据为基准，在综合考虑甘肃省各市（州）人口分布变化、资源环境制约、经济发展及政策调控等因素的基础上，对甘肃省各市（州）人口分布比重进行多情景预测分析。

一、人口变化情景假设

按照人口分布的影响因素，共设置三种不同情景方案，预估未来甘肃省人口在市域空间上的分布变化。

1. 情景一："现状格局"模式

该情景主要考虑甘肃省各市（州）人口当前分布格局以及发展趋势对未来人口分布的影响，并假设2035年之前这种状况基本保持不变，以此探讨预测目标年各市（州）人口的变化情况。

从流动人口比重看，2018年甘肃省67.99%的省内流入人口集中在兰州市，而天水市、武威市、张掖市、陇南市及甘南州5个市（州）的省内流入人口比重均不到1%，这充分说明省会兰州市对甘肃省流动人口的吸引力巨大。从2020年甘肃省各市（州）人口分布格局来看，甘肃省人口规模最大的三个市（州）为兰州市、天水市和定西市，常住人口占甘肃省人口比重分别为17.42%、11.93%、10.09%。从2010~2020年甘肃省各市（州）常住人口变化来看，兰州市、嘉峪关市、临夏州、甘南州4个市（州）人口数量出现不同程度增加，其余市（州）人口数量均出现减少。其中，兰州市人口净增74.32万人，增量最多，而武威市、天水市、平凉市等市（州）人口数量减少均超过20万人，十分明显。因此，在该情景下，未来兰州市仍然可能是人口主要分布地区，而河西市（州）的人口规模较小（见表4-6）。

表4-6　甘肃省各市（州）人口发展变化情况

市（州）	2018年省内流入人口比重（%）	2020年常住人口占甘肃省比重（%）	2010~2020年省内常住人口变化率（%）
兰州市	67.99	17.42	20.55
嘉峪关市	4.70	1.25	34.83
金昌市	2.74	1.75	−5.62

市（州）	2018 年省内流入人口比重（%）	2020 年常住人口占甘肃省比重（%）	2010~2020 年省内常住人口变化率（%）
白银市	4.50	6.04	-11.51
天水市	0.51	11.93	-8.52
武威市	0.71	5.86	-19.29
张掖市	0.77	4.52	-5.71
平凉市	4.28	7.39	-10.61
酒泉市	3.03	4.22	-3.67
庆阳市	5.67	8.71	-1.42
定西市	1.44	10.09	-6.47
陇南市	0.85	9.62	-6.25
临夏州	2.06	8.43	8.38
甘南州	0.73	2.77	0.39

资料来源：根据甘肃省统计局公布的第七次人口普查数据，以及甘肃省卫生健康委员会提供的相关数据整理计算所得。

2. 情景二："现状格局+资源约束"模式

基于情景一的假设条件，情景二进一步考虑资源环境要素的制约及影响。定量性指标主要参考《甘肃省土地利用总体规划（2006—2020 年）调整完善方案》中的甘肃省建设用地控制指标，以及《关于下达甘肃省地级行政区 2015 年 2020 年 2030 年水资源管理控制指标的通知》，同时兼顾考虑了不同地区的自然环境等因素。

甘肃省各市（州）建设用地及用水总量控制性指标如表 4-7 所示。为了说明甘肃省各市（州）水土资源与人口之间的相对关系，本书以 2019 年甘肃省各地区常住人口为基准，计算了各地水土资源控制指标的人均占有量。假设 2035 年之前甘肃省各市（州）用地及用水控制指标保持现行规划标准不变，那么未来天水市、定西市、陇南市和甘南州等市（州）的人均用水指标相对较低，即水资源制约较为明显；从建设用地控制指标看，天水市、陇南市、临夏州等市（州）的建设用地指标可能相对紧张。

表4-7 甘肃省各市（州）建设用地及用水总量控制性指标

市（州）	2020年建设用地控制指标（万公顷）	2015~2020年建设用地增量控制指标（万公顷）	2030年用水总量控制目标（亿立方米）
兰州市	9.09	1.26	16.2
嘉峪关市	1.65	0.19	2.21
金昌市	2.77	0.24	6.76
白银市	6.89	0.36	12.43
天水市	6.86	0.34	5.29
武威市	7.78	0.61	16.18
张掖市	6.22	0.38	20.71
平凉市	7.70	0.29	4.96
酒泉市	10.68	0.64	22.05
庆阳市	11.68	0.56	5.05
定西市	8.80	0.33	5.26
陇南市	5.92	0.25	3.28
临夏州	5.73	0.28	5.26
甘南州	2.38	0.15	1.08

资料来源：《甘肃省土地利用总体规划（2006—2020年）调整完善方案》《甘肃省地级行政区2015年2020年2030年水资源管理控制指标》。

3. 情景三："现状格局+水土约束+战略引导"模式

在前两种情景基础上，情景三将经济发展、人口政策、规划战略等因素纳入未来人口分布变化的考虑因素中。

第一，经济因素可能是未来吸引人口流动的主要因素。选择2019年甘肃省各市（州）第三产业产值占甘肃省产业产值的比重作为反映未来省内人口流动变化的经济考量指标，并且假设这一比重在预测期内保持不变。

第二，人口政策主要以人才引进政策为参考目标，选择甘肃省各市（州）具有R&D活动的单位数量作为反映吸引人才集聚的平台条件，继续假设其所占甘肃省总数的比例在预测期内基本不变。

第三，国家及省级层面的发展战略对区域人口布局变化具有关键的影响作用。此类参考要素主要包括"一带一路""西部陆海新通道""黄河流域高质量发展"等在甘肃省的推进与建设;《甘肃省城镇体系规划(2013—2030年)》中提出的甘肃省城镇空间布局结构;《兰州—西宁城市群发展规划》《关中平原城市群发展规划》等带来的发展机遇;兰州新区的加速建设、兰白都市圈的稳步推进、榆中生态创新城的规划建设,以及未来兰定一体化发展等,这些发展规划对兰州市及其邻近市(州)乃至甘肃省的人口布局,都将产生重要的引导作用。为了简化预测过程,同时能够实现定量分析预测,此类要素量化主要基于规划目标中所涉及各市(州)的具体情况,结合相关领域内的专家意见和经验进行标定,以归一化的指数来表示(见表4-8)。

表4-8 甘肃省各市(州)人口布局变化政策类评估指标

市(州)	2019年第三产业产值占甘肃省比重(%)	2019年有R&D活动的单位数占甘肃省比重(%)	发展规划指数
兰州市	38.30	34.29	0.19
嘉峪关市	2.09	2.19	0.01
金昌市	2.00	3.14	0.02
白银市	4.55	5.33	0.05
天水市	7.45	5.05	0.14
武威市	5.58	15.71	0.07
张掖市	5.12	15.44	0.05
平凉市	5.03	2.46	0.09
酒泉市	5.64	6.97	0.05
庆阳市	5.93	1.78	0.08
定西市	5.66	2.73	0.08
陇南市	5.40	1.78	0.09
临夏州	4.25	2.46	0.07
甘南州	2.98	0.68	0.03

资料来源:《甘肃发展年鉴(2020)》。

二、估算方法

遵循定量分析基本原则，基于加权综合分析的思路，按照不同预测情景需要，计算甘肃省各市（州）人口分布影响因子的归一化综合指数，结合 2035 年甘肃省人口预测数量运算并适当调整，得出不同情景下 2035 年甘肃省各市（州）人口分布情况。

具体估算过程分为四个步骤：首先，整理相关指标，构建人口分布影响因子指标体系；其次，根据层次分析法（AHP）进行指标权重赋值；再次，结合指标值与权重，运用加权综合方法，计算甘肃省各市（州）人口分布影响因素归一化指数；最后，依据甘肃省各市（州）指数与预测目标年甘肃省人口数量即可得出各市（州）人口数量。

三、预估结果

根据不同情景下甘肃省各市（州）人口分布影响因素归一化指数，以及 2035 年甘肃省人口预测值估算各市（州）人口分布情况，并与人口分布现状进行了对比，结果如表 4-9 所示。

表 4-9　2035 年甘肃省各市（州）人口分布比重及变化预估　　　单位：%

市（州）	情景一		情景二		情景三	
	预估比重	相较 2020 年	预估比重	相较 2020 年	预估比重	相较 2020 年
兰州市	20.28	2.85	21.80	4.37	22.94	5.52
嘉峪关市	1.50	0.25	1.45	0.20	1.42	0.17
金昌市	1.61	-0.14	1.58	-0.17	1.54	-0.22
白银市	5.62	-0.42	5.23	-0.81	5.11	-0.94
天水市	11.47	-0.46	11.54	-0.39	11.78	-0.15
武威市	5.31	-0.55	5.01	-0.84	4.91	-0.95
张掖市	4.24	-0.28	4.21	-0.31	4.15	-0.37

续表

市（州）	情景一		情景二		情景三	
	预估比重	相较 2020 年	预估比重	相较 2020 年	预估比重	相较 2020 年
平凉市	6.93	-0.46	6.85	-0.54	6.74	-0.65
酒泉市	4.07	-0.15	4.05	-0.17	4.01	-0.21
庆阳市	8.39	-0.32	8.24	-0.47	8.18	-0.54
定西市	9.62	-0.46	9.36	-0.73	9.04	-1.05
陇南市	9.18	-0.45	8.94	-0.68	8.66	-0.96
临夏州	8.96	0.53	8.82	0.39	8.57	0.14
甘南州	2.83	0.06	2.91	0.15	2.94	0.18
甘肃省合计	100	—	100	—	100	—

情景一条件下，未来甘肃省人口分布总体格局基本未变，但增长情况有所差异。河西 5 市（武威市、金昌市、张掖市、嘉峪关市、酒泉市）除嘉峪关市外，其余 4 市人口规模将进一步下降，其中武威市人口比重降低相对明显；陇中地区仍将是甘肃省人口分布最多的地方，其中，兰州市人口占甘肃省比重进一步增大，达 20.28%，相比 2020 年增加 2.85 个百分点；陇东南地区人口比重也将全面下降，但天水市人口比重仍居甘肃省第 2 位；另外，由于临夏州和甘南州属于民族地区，占甘肃省人口的比重可能有所提高。

情景二条件下，甘肃省人口分布格局与情景一大致相似。其中，兰州市在建设用地增量指标及用水指标等条件支持下，常住人口将进一步增长，2035 年人口占甘肃省人口比重或提高到 21.8%，可能成为 I 型大城市。值得注意的是，在水土条件约束下，武威市、白银市、定西市、陇南市等市（州）人口比重降幅明显，而天水市的人口比重相对情景一而言稍有提高。

情景三条件下，区域人口分布格局稍有变化，兰州市的省域中心城市地位将进一步增强。具体来说，兰州市作为"一带一路"和"西部陆海新通道"的重要节点与枢纽，其产业集聚与城市空间极化效应将得到充分释放，且兰州—西宁城市群建设规划的实施，将有效促进人口与资源流动与汇集，加之兰州新区与榆中生态创新城的布局建设，将基本解决全面发展的土地资源约束。另外，人口政策的不断放宽以及兰白自创区的推进使兰州对各类人才的吸引力不断增强。在这些政策引导下，兰州市2035年人口占甘肃省比重可能提高到22.94%，而受兰州市对甘肃省人口"虹吸效应"的影响，中部地区的白银市、定西市等邻近市（州）人口比重也显著萎缩。与此同时，在多中心发展格局下，陇东南地区的天水市稳步成长为省域副中心城市，人口比重提升至11.78%。随着天成经济圈带动以及一些政策性搬迁影响，陇南市人口比重或将继续降低。随着机场、高铁等交通条件不断完善，加之周边省区经济发展产生的引力，平凉市、庆阳市的人口流失可能进一步加剧，因而平凉—庆阳省域副中心人口比重将进一步降低。临夏和甘南两个民族自治州由于相关政策及传统文化等因素影响，人口发展基本稳定。

四、片区人口分布分析

甘肃省城镇体系规划中提出了甘肃省片区城镇体系的人口发展目标。因此，本书进一步根据片区分类计算了相应的人口比重，并与预估结果进行对比（如表4-10所示）。

表4-10　甘肃省城镇体系规划片区的人口比重预估值与发展目标对比情况

单位：%

片区	现状规模（2020年）	甘肃省城镇体系规划目标值（2030年）	预估值（2035年）		
			情景一	情景二	情景三
兰—白—临—定	41.99	41.77	44.48	45.21	45.66
天—陇	21.55	22.34	20.64	20.48	20.44
酒—嘉	5.47	5.44	5.57	5.51	5.43
平—庆	16.10	14.54	15.32	15.09	14.92
金—武	7.61	9.01	6.92	6.59	6.44
张掖	4.52	4.69	4.24	4.21	4.15
甘南	2.77	2.23	2.83	2.91	2.94
合计	100	100	100	100	100

资料来源：根据甘肃省统计局公布的甘肃省第七次人口普查数据，《甘肃省城镇体系规划（2016—2030年）》的目标数据以及本书预估数据整理计算所得。

可以看出，三种情景下几个片区的预估人口比重分布格局与 2020 年的规模及甘肃省城镇体系规划目标大体一致。其中，"酒—嘉""平—庆""张掖"三个片区的人口比重预估值与规划目标较为接近，差异较大的区域主要在"兰—白—临—定""金—武"，考虑到兰州市、武威市、金昌市等市（州）近几年人口发展变化的实际情况，加之两者时间节点稍有差异，可以认为本书预估情况也比较符合甘肃省城镇体系规划的发展目标。

第四节　人口结构变化预测

一、甘肃省人口年龄结构预测

1. 人口年龄结构金字塔

从 PANDIS-INT 预测结果看，不同方案下的人口数量具有差异，但从年龄分组构成来看区别不大，因此仅以中方案为例，选取 2025 年、2030 年和 2035 年三个时段来分析甘肃省人口年龄结构金字塔的基本特征（见图 4-6 至图 4-8）。

由基于 5 岁组人口数据制作的人口年龄结构金字塔可以看出，2025 年甘肃省峰值人口已步入 60 岁大关，将面临迅速老龄化的问题，适龄劳动力人口中有两个明显的峰值，其中人口最多的年龄组是 55 ~ 59 岁，另一个年龄峰值出现在 30 ~ 39 岁左右，10 岁以下的幼龄儿童数量仍处于增加态势（见图 4-6）。

2030 年，甘肃省人口年龄结构大致延续了 2025 年的基本形态，65 岁以上老龄人口比重显著增加，人口发展进入显著老龄化阶段，适龄劳动力人口数量相较 2025 年出现下降，同时 10 岁以下幼年儿童以及出生人口数量开始呈现减少态势（见图 4-7）。

到 2035 年，第一波峰值人口完全进入老龄化阶段，老年人口抚养比持续上

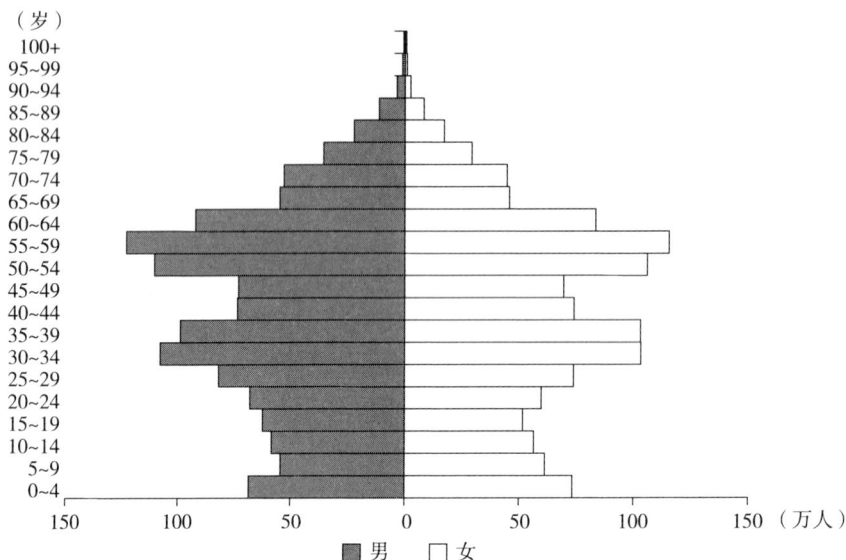

图 4-6　2025 年甘肃省人口年龄结构

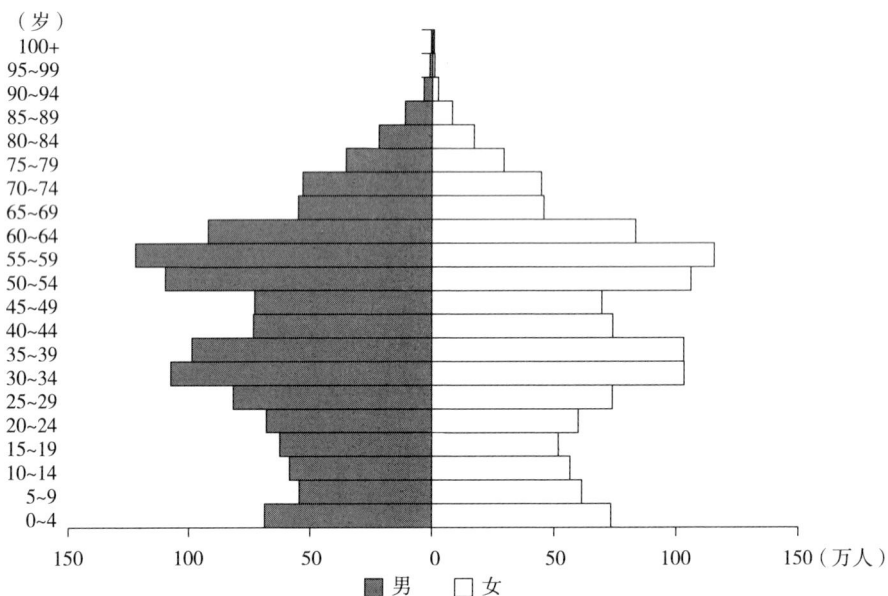

图 4-7　2030 年甘肃省人口年龄结构

升，劳动力人口比重进一步下降，10 岁以下幼年儿童以及出生人口数量相较
2030 年进一步减少，但显现出稳定变化趋势（见图 4-8）。

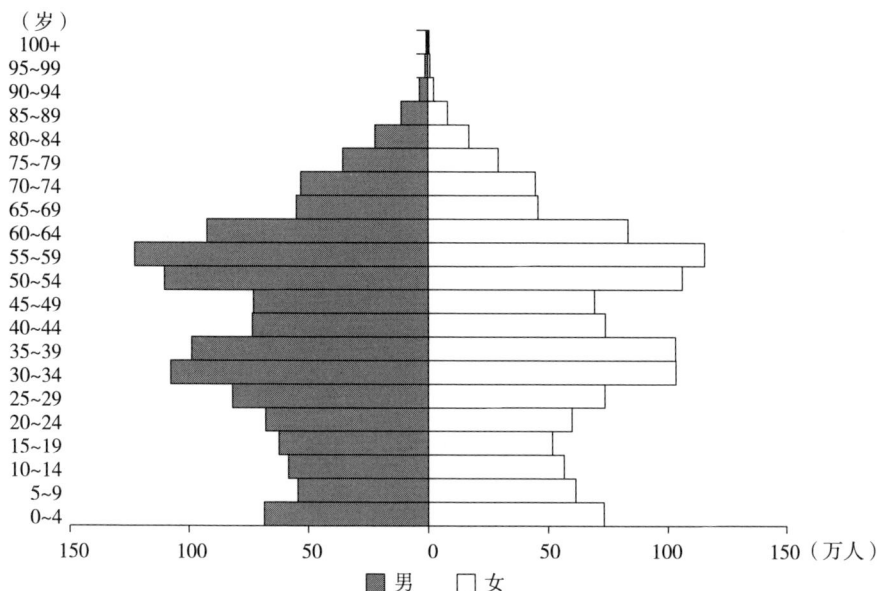

图 4-8　2035 年甘肃省人口年龄结构

2. 学龄前人口（0~4 岁）比重

三种预测方案下，未来甘肃省学龄前儿童（0~4 岁）比重总体呈现降低趋势。其中，低方案下学龄前儿童（0~4 岁）比重在 2025 年达到 4.92%，随后持续下降，到 2035 年降至 4.37%；中方案预测的学龄前儿童（0~4 岁）比重变化趋势与低方案相同，但比重稍高，2025 年为 5.73%，2035 年可能降至 5.20%；高方案预测的学龄前儿童（0~4 岁）比重变化趋势与前两种方案稍有不同，2025 年比重为 6%，随后缓慢增长到 2030 年的 6.12%，到 2035 年又降至 5.91%（见表 4-11）。

表 4-11　2025~2035 年甘肃省学龄前人口（0~4 岁）比重预测　　单位：%

年份	低方案	中方案	高方案
2025	4.92	5.73	6.00
2030	4.63	5.53	6.12
2035	4.37	5.20	5.91

3. 15~64 岁人口比重

同样，如果不考虑人口流动的变化，目前 15~64 岁人口的数量可以通过人口普查数据推算得出，在三种预测方案下，2025~2035 年甘肃省 15~64 岁人口呈现明显的下降趋势。其中，低方案下 2025 年 15~64 岁人口比重预计下降至69.44%，中方案与高方案比重可能将保持在 68% 左右，到 2035 年三种方案 15~64 岁人口比重可能分别降至 63.87%、62.31% 和 61.21%（见表 4-12）。

表 4-12 2025~2035 年甘肃 15~64 岁人口比重预测

单位:%

年份	低方案	中方案	高方案
2025	69.44	68.87	68.73
2030	68.98	67.77	67.23
2035	63.87	62.31	61.21

4. 老龄人口（65 岁以上）比重

从预测结果看，三种方案下 65 岁及以上老龄人口均呈现持续增加态势，老龄化趋势不断加快。三种方案中，2025 年 65 岁及以上老龄人口比重约为 13%；2030 年可能增加到 16% 以上，到 2035 年分别增至 22.19%、20.66% 和 19.93%，与 2025 年相比可能增加了 7 个到 9 个百分点（见表 4-13）。

表 4-13 2025~2035 年甘肃省老龄人口（65 岁及以上）比重预测

单位：%

年份	低方案	中方案	高方案
2025	13.21	13.08	13.01
2030	16.86	16.50	16.27
2035	22.19	20.66	19.93

二、甘肃省各市（州）人口年龄结构预测

1. 年龄结构

以中方案为例，从 2035 年的预测结果来看，甘肃各市（州）人口年龄结构形态差异较小。其中，白银市、定西市、金昌市、酒泉市、兰州市、平凉市、庆阳市、天水市、武威市、张掖市等市（州）的年龄结构第一峰值处于 65~69 岁，甘南州、嘉峪关市、临夏州、陇南市等市（州）年龄峰值处于 60~64 岁。总体上，甘肃省各市（州）第一峰值年龄普遍超过 60 岁，人口发展进入老龄化阶段，老龄人口比重明显增大。此外，由于前期甘肃省各市（州）总和生育率与甘肃省的变化方案相同，因此各市（州）人口年龄结构中，低龄段有一个较小峰值，大约出现在 10~20 岁，后期明显收缩。

表 4-14　2035 年甘肃省各市（州）三大年龄段人口比重预测（中方案）

单位：%

市（州）	学龄前儿童（0~4 岁）	15~64 岁人口	老龄人口（65 岁及以上）
兰州市	4.5	62.2	22.2
嘉峪关市	4.5	60.7	24.5
金昌市	5.0	59.2	25.0
白银市	5.3	62.2	20.2
天水市	5.6	63.7	18.4
武威市	5.4	61.3	21.2
张掖市	5.2	60.0	23.7
平凉市	5.6	61.8	20.5
酒泉市	4.9	60.2	24.1
庆阳市	5.6	61.9	20.4
定西市	5.4	62.1	20.5
陇南市	5.5	64.2	18.7

市（州）	学龄前儿童（0~4岁）	15~64岁人口	老龄人口（65岁及以上）
临夏州	5.9	65.7	16.1
甘南州	5.9	67.5	14.1

2. 不同年龄段人口比重（中方案）

（1）学龄前人口（0~4岁）比重。

根据预测结果（见表4-14），2035年甘肃省各市（州）学龄前人口（0~4岁）比重平均值为5.3%，相比2020年下降0.7个百分点。其中，兰州市为4.5%，与2020年相比下降了1.7个百分点，在甘肃省各市（州）中下降幅度最大；张掖市从2020年的5.4%下降到2035年的5.2%，仅降低0.2个百分点，降幅最小。

（2）15~64岁人口比重。

根据预测结果（见表4-14），2035年甘肃省各市（州）15~64岁人口比重平均值为62.3%，与2020年相比，下降了9.6个百分点，其中，金昌市从72.9%降至59.2%，下降了13.7个百分点，下降最明显；甘南州从71.9%降至67.5%，下降了4.4个百分点，降幅最小。

（3）老龄人口（65岁及以上）比重。

根据国际通用的老龄化标准，如果一个国家或地区60岁以上的老年人口占到了该国家或地区人口总数的10%，或者是65岁以上的老年人口占到了该国家或地区人口总数的7%，就意味着这个国家和地区的人口整体处在老龄化的阶段。

根据预测结果（见表4-14），2035年甘肃省各市（州）老龄人口比重平均值为20.7%，上升了近9个百分点，其中金昌市老龄人口比重将达25%，相较2020年上升12.3个百分点，是甘肃省老龄人口比重最高的市，临夏州和甘南州的老龄人口比重分别为16.1%和14.1%，仍然是甘肃省老龄人口比重较低的市（州）。

第五节　城镇化水平的预测

一、城镇化预测方法及数据

目前，预测城镇化率的方法众多，比较常见的有联合国法、趋势外推预测法、移动平均法、经济因素相关分析法、灰色预测法等。

联合国法使用城乡人口比确定城镇化率，由于城镇化率演变遵循 Logistic 增长模型，其变动呈指数上升，所以通过设定城乡人口比的增长率并将城乡人口比代入由城乡人口数构成的城镇化率计算公式，可得相应时期城镇和农村人口的增长率。趋势外推预测法是以综合变量时间为自变量来模拟预测对象规律，常用的趋势外推预测模型主要有多项式模型、指数模型、修正指数模型、幂函数模型、Logistic 模型等。移动平均法也是一种常用的预测方法，该方法可以理解为是一种改良的适合短期预测的算术平均法，简单且使用价值强。城镇化发展的影响因素众多，主要与区域经济发展密切相关，因此也有研究利用经济因素与城镇化率的相关性来模拟和预测城镇化发展水平，这也是预测城镇化率常用的方法。此外，灰色系统理论具有简便实用的优点，在城镇化率预测研究中也被广泛应用，该模型的基本原理是将每次预测的最新信息加入到原序列中，而去掉原序列中第一个最老的信息，再重复模型计算过程，以此进行循环预测，这在数据资料有限的中短期预测中比较常见。

考虑到甘肃省及各市（州）城镇化发展趋势、特征以及数据资料的获取条件，本书主要采用趋势外推预测法进行城镇化率的预测。在具体方法选择中，本书对于甘肃省城镇化预测选择了线性回归模型，而对于各市（州）的城镇化预测，选择的是 Logistic 模型。

为了研究甘肃省及各市（州）城镇化水平的发展趋势，本书从甘肃省及 14

个地州市城镇化水平的历史变化特征出发，并根据预测方法的基本需求在甘肃省城镇化率的预测中选择采用 1978~2019 年的城镇化率数据，在各市（州）城镇化率预测中选择采用 2008~2019 年的城镇化率数据。

二、甘肃省城镇化率的预测分析

2000~2009 年，甘肃省城镇化率从 24.01% 提高到 32.65%，10 年增长了 8.64%；2010~2019 年，甘肃省城镇化率由 36.12% 提高到 48.49%，10 年增长了 12.37%，高于同期全国平均增长速度 1.72 个百分点（见表 4-15）。由此可以看到，甘肃省处于城镇化加速发展时期，省内城市规模急剧扩张，人口和产业向城镇集聚的速度明显加快，城镇化蕴含着巨大的发展空间。

表 4-15　2000~2019 年甘肃省与全国城镇人口增长比较

年份	甘肃人口	全国人口	自然增长率（‰）		城镇化率（%）	
	城镇人口（万人）	城镇人口（万人）	甘肃	全国	甘肃	全国
2000	603.93	45906	7.97	7.58	24.01	36.22
2001	618.47	48064	7.15	6.95	24.51	37.66
2002	656.99	50212	6.71	6.45	25.96	39.09
2003	694.68	52376	6.12	6.01	27.38	40.53
2004	727.12	54283	5.91	5.87	28.61	41.76
2005	764.04	56212	6.02	5.89	30.02	42.99
2006	791.8	58288	6.24	5.28	31.09	44.34
2007	804.97	60633	6.49	5.17	31.59	45.89
2008	820.11	62403	6.54	5.08	32.15	46.99
2009	834.18	64512	6.61	4.87	32.65	48.34
2010	924.66	66978	6.03	4.79	36.12	49.95
2011	952.6	69079	6.05	4.79	37.15	51.27
2012	998.8	71182	6.06	4.95	38.75	52.57
2013	1036.23	73111	6.08	4.92	40.13	53.73

续表

年份	甘肃人口	全国人口	自然增长率（‰）		城镇化率（%）	
	城镇人口（万人）	城镇人口（万人）	甘肃	全国	甘肃	全国
2014	1079.84	74916	6.10	5.21	41.68	54.77
2015	1122.75	77116	6.21	4.96	43.19	56.10
2016	1166.39	79298	6.00	5.86	44.69	57.35
2017	1218.07	81347	6.02	5.32	46.39	58.52
2018	1257.71	83137	4.42	3.81	47.69	59.58
2019	1283.74	84843	3.85	3.34	48.49	60.60

资料来源：中国国家统计局《中国统计年鉴（2020）》《甘肃发展年鉴（2020）》。

采用1978~2019年甘肃省的城镇化率数据，通过散点图判断因变量和自变量之间是否存在线性关系，如果散点趋向于构成一条直线，说明因变量和自变量之间存在线性关系，否则就不存在线性关系。从线性回归的结果看（见表4-16），一般来说，Durbin-Watson检验值分布在0~4，本书的Durbin-Watson检验值为2.053，说明本书中观测值相互独立的可能性大；$R^2=0.992$，说明自变量（时间）可以解释99.2%的因变量（城镇化率）变异，且达到显著性水平，时间和城镇化率之间存在线性关系$F(1,10)=1211.258(P<0.001)$，说明本书的回归模型具有统计学意义，回归方程可以表示为$Y=1.537x-3053.838$。

表4-16　2008~2019年甘肃省城镇化率的线性回归统计

R	R^2	F	Sig.	Durbin-Watson
0.996	0.992	1211.258	0.000	2.053

通过图4-9的分析，未来甘肃省将仍处于城镇化的加速发展阶段，2025年达到56.05%，2030年超过60%，2035年达到65%。未来20年内，甘肃省的城镇化还有很大的发展空间，分散到每年，有能力保持小幅增长的势头，但增速不会太高，越往后增速越低。伴随城市人口的增长，未来甘肃省城镇的基础设施将进一步完善，城镇义务教育、基本养老、基本医疗卫生、保障性住房等供给和服

务水平将稳步提高。

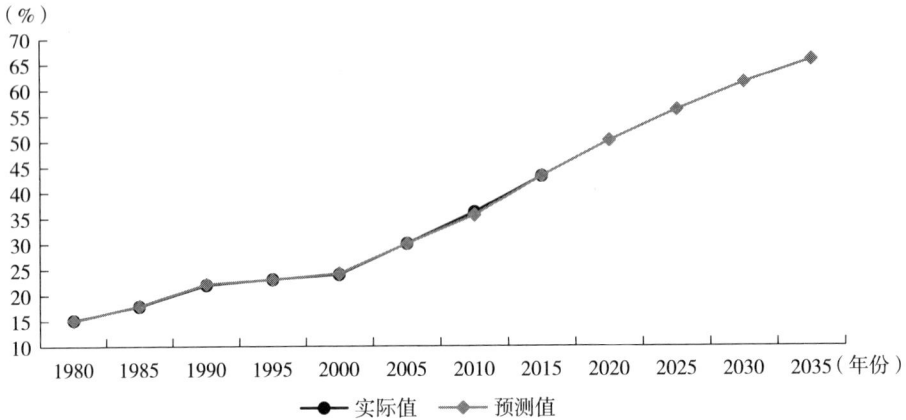

（%）

图 4-9　2020~2035 年甘肃省城镇化率预测结果

2019 年我国的城镇化率已经突破 60%，根据联合国预测，到 2030 年我国城镇化率可能将达 70.6%，对应城镇人口为 10.3 亿人，比 2018 年增加约 2 亿人。本书的预测结果显示，2030 年我国城镇化率将超过 70%，到 2035 年将超过 75%，与联合国的预测结果基本上保持一致（见图 4-10）。另外，本书对城镇化率的预测并未考虑其他的影响因素（经济、社会、环境等），致使预测结果相对于实际值偏高。

三、甘肃省各市（州）城镇化率的预测分析

有研究表明，我国城镇化进程从 1978 年之后逐步体现 Logistic 曲线的特征，此后众多学者亦采取类似方法对不同范围的城镇化演进过程进行探索。本书亦采用 Logistic 模型结合现实发展需要分析甘肃省以及各市（州）城镇化进程的发展规律，并依据回归方程（见表 4-17）和经济、社会、环境等因素对甘肃省各市（州）的城镇化发展态势进行预测。

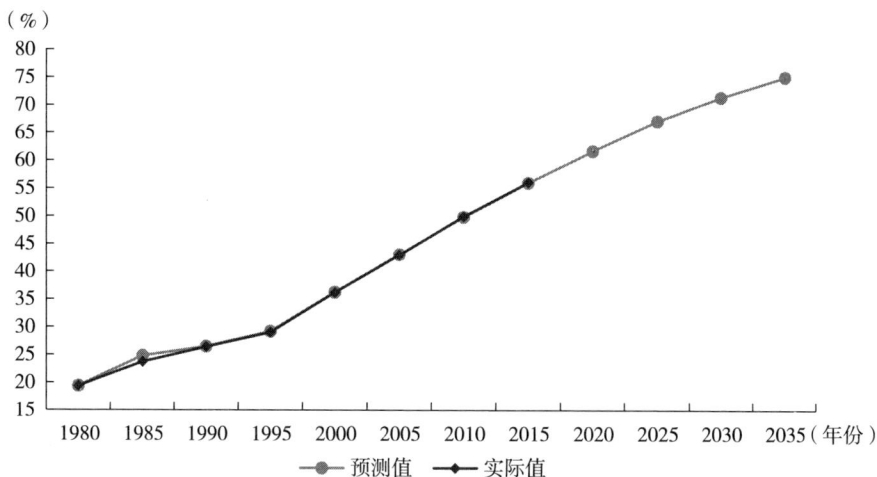

图4-10 2021~2035年我国城镇化率预测结果

表4-17 甘肃省各市（州）城镇化率回归方程

市（州）	回归方程	R^2
兰州市	$Y = 100/[1+128.78 * EXP(-0.0644X)]$	0.78
嘉峪关市	$Y = 100/[1+72.207 * EXP(-0.0372X)]$	0.52
金昌市	$Y = 100/[1+117.93 * EXP(-0.0589X)]$	0.97
白银市	$Y = 100/[1+180.54 * EXP(-0.0895X)]$	0.95
天水市	$Y = 100/[1+133.92 * EXP(-0.0662X)]$	0.89
武威市	$Y = 100/[1+187.96 * EXP(-0.093X)]$	0.86
张掖市	$Y = 100/[1+157.2 * EXP(-0.0779X)]$	0.96
平凉市	$Y = 100/[1+210.93 * EXP(-0.1044X)]$	0.90
酒泉市	$Y = 100/[1+144.25 * EXP(-0.0717X)]$	0.77
庆阳市	$Y = 100/[1+217.94 * EXP(-0.1078X)]$	0.89
定西市	$Y = 100/[1+255.16 * EXP(-0.1262X)]$	0.94
陇南市	$Y = 100/[1+1192.89 * EXP(-0.0953X)]$	0.98
临夏州	$Y = 100/[1+215.96 * EXP(-0.1068X)]$	0.91
甘南州	$Y = 100/[1+121.16 * EXP(-0.0597X)]$	0.89

关于城镇化率上限的确定方法较多，国内外相关学者均对该值进行了推导与预测。2019年6月24日，中国社会科学院（财经院）创新工程重大成果《中国

城市竞争力第 17 次报告》正式发布。报告认为，近些年我国城镇化率将持续增长，而且由于"人口政策放松"，城镇化有加快的趋势，预计到 2035 年，我国城镇化比例将达到 70% 以上。《甘肃省城镇体系规划（2013—2030 年）》指出，2030 年甘肃省常住人口城镇化率达到 62%。立足于中国国情和甘肃省情，亦参考这一权威数据，这里假定甘肃省各市（州）的城镇化率上限均相等且等于甘肃省城镇化率上限，又考虑到嘉峪关的平均城镇化率在 2008 年已经达到 90% 以上，故将城镇化率上限设定在 100%。

按本书所建立的 Logistic 回归方程，可知甘肃省各市（州）的城镇化水平在 2035 年以前仍会持续增长，但增长速度不断放缓。

预计到 2035 年，兰州市（88.90%）和嘉峪关市（95.10%）逐渐接近中等发达国家的城镇化水平，达到城镇化进程中最低点，即城镇化率加速度最低点，成为甘肃省城镇化发展的第一梯队；酒泉市、金昌市两市的城镇化水平将超过 70%，进入成熟发展阶段，为甘肃省城镇化发展的第二梯队；白银市、张掖市、天水市、武威市、平凉市、临夏州、庆阳市、甘南州、定西市、陇南市的城镇化进入快速发展阶段的后期，成为甘肃省城镇化发展的第三梯队，说明甘肃省城镇化发展还有很大的提升空间（见表 4-18）。

表 4-18　全国、甘肃省以及甘肃省各市（州）城镇化率预测　　单位:%

市（州）	2019 年（实际）	2025 年（预测）	2030 年（预测）	2035 年（预测）
全国	60.60	67.09	71.45	75.10
甘肃省	48.49	56.05	61.04	65.01
兰州市	81.04	84.97	87.19	88.90
嘉峪关市	93.68	94.64	94.91	95.10
金昌市	70.95	74.56	76.09	77.36
白银市	51.43	56.76	60.16	62.77
天水市	42.29	50.37	54.84	58.10
武威市	43.32	50.73	55.64	58.64
张掖市	48.55	55.12	58.99	61.91
平凉市	41.98	49.47	52.75	55.64
酒泉市	62.44	66.76	68.51	70.01

市（州）	2019 年（实际）	2025 年（预测）	2030 年（预测）	2035 年（预测）
庆阳市	39.92	47.87	51.99	55.08
定西市	36.38	44.68	48.75	51.09
陇南市	34.82	43.01	47.05	50.57
临夏州	37.04	46.69	52.19	57.05
甘南州	37.00	45.25	50.49	55.02

资料来源：根据相关统计资料整理所得。

第六节　城镇人口分布的预测

一、未来甘肃省城镇人口规模及比重

1. 甘肃省城镇人口规模

根据甘肃省统计局公布的第七次全国人口普查公报初步汇总的数据，2020年甘肃省常住人口有 2501.98 万人，较 2010 年第六次人口普查结果减少了 55.54万人。其中，城镇人口有 1306.73 万人，占常住人口的比重（常住人口城镇化率）为 52.23%，比 2010 年提高了 16.11 个百分点。乡村人口 1195.25 万人，占常住人口比重的 47.77%。按照这种发展趋势，预计 2035 年之前甘肃省城镇人口规模仍会不断增大，乡村人口规模不断缩小。

从甘肃省人口规模预测结果看，按照增长型方案，未来一段时期内，甘肃省人口规模仍将处于缓慢增长状态，到 2035 年，可能将达到 2557.98 万人，较目前（2020 年）规模约增加 50 多万人。另外，城镇化率的预测结果也表明，未来甘肃省城镇化率将持续上升，2035 年将达到 65.01%，较 2020 年提高 12.78 个百分点。

因此，按照甘肃省总人口数量和城镇化率的预测数据可以判断出 2035 年甘肃省城镇人口规模在 1662.94 万人左右，相较于 2020 年，城镇人口规模约增加 350 万人，这期间城镇人口自身增长速度变化较小，意味着可能会有大量人口由乡村转移到城镇。

2. 各市（州）城镇人口规模及比重

由于第七次人口普查数据中各市（州）城镇人口暂未公布，因此以 2019 年统计数据为依据，对甘肃省各市（州）城镇人口的规模进行简要分析。2019 年，甘肃省各市（州）中城镇人口最多的是兰州市，城镇人口数量占甘肃省比重为 23.93%，其次为天水市，城镇人口数量占甘肃省比重为 11.10%，定西市城镇人口数量占甘肃省比重为 8.01%，位列第三，甘肃省其余各市（州）城镇人口数量均在 100 万人以下，其中嘉峪关市、金昌市、甘南州等城镇人口数量相对较少，规模均在 50 万人以下（见表 4-19）。

同理，根据甘肃各市（州）常住人口规模及城镇化率的预测数据，可以得出未来甘肃省各市（州）相应的城镇人口数量及其比重。到 2035 年，兰州市在各项强省会政策的作用下，人口集聚能力不断增强，城镇人口数量或将增至 500 万以上，占甘肃省城镇人口比重达到 31.37%，位居甘肃省第一；天水市城镇人口规模仍然位居甘肃省第二，但由于城镇化水平提升较快，在人口总体规模变化不大的情况下，城镇人口数量增长显著，或将增至 175 万人，占甘肃省城镇人口比重达 10.53%；庆阳市、定西市、陇南市以及临夏州的城镇人口规模或均超过百万大关，占甘肃省城镇人口比重分别达到 6.93%、7.11%、6.73% 以及 7.52%。其余市（州）由于受人口总体规模影响，城镇人口可能会维持在百万以下的规模，具体比重见表 4-19。

表 4-19　甘肃各市（州）城镇人口比重预测情况

市（州）	2019 年（实际）			2035 年（预测）		
	常住人口占甘肃省比重（%）	城镇化率（%）	城镇人口占甘肃省比重（%）	常住人口占比（%）	城镇化率（%）	城镇人口占甘肃省比重（%）
兰州市	14.32	81.04	23.93	22.94	88.90	31.37
嘉峪关市	0.96	93.68	1.85	1.42	95.10	2.08

续表

市（州）	2019 年（实际）			2035 年（预测）		
	常住人口占甘肃省比重（%）	城镇化率（%）	城镇人口占甘肃省比重（%）	常住人口占比（%）	城镇化率（%）	城镇人口占甘肃省比重（%）
金昌市	1.73	70.95	2.53	1.54	77.36	1.83
白银市	6.58	51.43	6.97	5.11	62.77	4.93
天水市	12.73	42.29	11.10	11.78	58.10	10.53
武威市	6.89	43.32	6.16	4.91	58.64	4.43
张掖市	4.67	48.55	4.68	4.15	61.91	3.95
平凉市	8.03	41.98	6.95	6.74	55.64	5.77
酒泉市	4.28	62.44	5.51	4.01	70.01	4.32
庆阳市	8.61	39.92	7.09	8.18	55.08	6.93
定西市	10.67	36.38	8.01	9.04	51.09	7.11
陇南市	9.98	34.82	7.17	8.66	50.57	6.73
临夏州	7.82	37.04	5.98	8.57	57.05	7.52
甘南州	2.73	37	2.08	2.94	55.02	2.49

资料来源：根据相关统计资料整理所得。

二、未来城镇人口的变化

1. 城镇人口数量变化

未来，随着城镇化的快速发展，甘肃省城镇人口在现状基础上将进一步扩大，根据预测数据，2020~2035 年甘肃省城镇人口增长总量约为 350 万人。

从甘肃省市（州）层面来看，兰州市、天水市、临夏州是甘肃省城镇人口的主要增长地区，其城镇人口增长数量约占甘肃省城镇人口增长总量的 80%。其中，兰州市城镇人口的增长数量占甘肃省城镇人口增长总量的 56.58%；天水市和临夏州城镇人口增长数量分别占甘肃省城镇人口增长总量的 8.62% 和 12.75%。

甘肃省其余市（州）城镇人口增长规模较小，其中金昌市、白银市等资源型城市，因为甘肃省人口总量可能会减少，城镇人口增长空间较小，即便未来城镇化率进一步升高，但城镇人口增加数量也很有限，甚至可能减少。

2. 城镇人口的分布次序变化

从预测数据来看，未来甘肃省城镇人口的分布与现状基本保持一致，变化不大。从甘肃省各市（州）城镇人口排序来看，2035年城镇人口数量排在前两位的仍然是兰州市和天水市，兰州市作为省会城市，是甘肃省城镇人口分布最多的地区。到2035年，甘肃省城镇人口数量排在后五位的城市的次序变化或许并不明显，可能为酒泉市、张掖市、甘南州、嘉峪关市和金昌市。其中，2019年金昌市城镇人口以32.51万人排在甘肃省第12位，甘南州以26.67万人排在甘肃省第13位，嘉峪关市城镇人口数量排在甘肃省最后。到2035年，甘南州和嘉峪关市城镇人口数量及位次可能会上升，而金昌市城镇人口数量及位次则可能下降。根据预测结果，城镇人口数量及次序变化较大的是临夏州，到2035年，临夏州城镇人口排序将由甘肃省第9位上升至第3位，其余各市（州）城镇人口位次变化情况如表4-20所示。

表4-20　2019年和2035年甘肃各市（州）城镇人口排位变化

市（州）	2019年城镇人口排位	2035年城镇人口排位	2019~2035年城镇人口位次变化
兰州市	1	1	0
天水市	2	2	0
定西市	3	4	−1
陇南市	4	6	−2
庆阳市	5	5	0
白银市	6	8	−2
平凉市	7	7	0
武威市	8	9	−1
临夏州	9	3	+6
酒泉市	10	10	0
张掖市	11	11	0
金昌市	12	14	−2
甘南州	13	12	+1
嘉峪关市	14	13	+1

三、未来城镇人口空间布局特征

1. 从甘肃省看城镇人口快速增长，分布格局与现状基本一致

通过对未来甘肃省人口城镇化率的预测得知，到 2035 年甘肃省城市化率将达 65.01%，甘肃省城镇常住人口约达到 1662.94 万人，约比 2020 年增加 350 万人，按当前趋势推算，未来新增城镇人口有半数以上来自乡村。从分布格局看，截至 2035 年，甘肃省城镇人口的重心仍然是省会兰州市及其周边的中部地区，以及天水—陇南—平凉—庆阳一带的陇东南地区，而河西地区、甘南州等城镇人口的数量相对较少，此种城镇人口总体分布格局与现状基本保持一致，没有发生太大变化。

2. 从市（州）看，大多数市（州）城镇人口持续增长，个别市（州）城镇人口变化不大

根据预测数据，到 2035 年，甘肃省共有 11 个市（州）的城镇人口规模将呈现增长的状态。其中，兰州市、天水市和临夏州城镇人口规模增长最为明显，兰州市城镇人口数量或超过 200 万人；天水市和临夏州城镇人口增加也在 30 万人以上；庆阳市、定西市、陇南市、甘南州和嘉峪关市等城镇人口增加 10 万~20 万；甘肃省其余市（州）城镇人口增加可能在 10 万以下。其中，金昌市和白银市城镇人口数量变化较小，甚至可能小幅减少。

3. 从都市圈看，兰州—白银都市圈是新增城镇人口的主要聚集地

21 世纪以来，甘肃省人口城镇化速度较慢的区域集中于边缘地区，土地城镇化速度较慢的区域由边缘地区向中心地区拓展，兰州市、天水市等核心城市在人口城镇化与土地城镇化的互动关系中，处于主动和优势地位。未来，兰州—白银都市圈将成为甘肃省新增城镇人口的主要聚集地。甘肃省人口城镇化与土地城

镇化是以兰州市为核心，依托兰州—西宁城市群和黄河谷地发展的结果。省会城市兰州市首位度较高，约有一半的新增城镇人口将集中于兰州—白银都市圈，是甘肃省新增城镇人口的主要聚集地。

4. 从城市群看，新增城镇人口主要分布在兰州—西宁及关中平原城市群

当前，我国区域经济发展的空间结构正在发生深刻变化，中心城市和城市群正在成为承载发展要素的主要空间形式，兰州—西宁城市群和关中平原城市群作为与甘肃省直接关联的两个国家级城市群，是未来甘肃省社会经济发展的重要支撑区域。近年来，国家对新型城镇化的发展引导及投资建设主要倾向于发展基础和条件相对优越的区域中心或次中心地区。此外，甘肃省建制镇以上的城镇主要分布在中部地区及陇东南地区。所以，未来在甘肃省人口由乡村向城镇转移的过程中，各类资源集聚和承载能力较强的国家级大城市群将会是转移人口的主要承载区域。综上分析可知，未来甘肃省新增城镇人口中，近70%可能分布在以兰州为中心的兰州—西宁城市群，以及包括天水市、平凉市、庆阳市在内的关中平原城市群。

第七节　人口变动下的城镇化发展分析

一、甘肃省人口变动给城镇化发展带来的机遇与挑战

1. 人口变动为城镇化发展带来机遇

（1）人口规模增长是人口城镇化发展的先决条件。

城镇化是一个国家或地区的人口由农村向城镇转移、农村地区逐步演变成城镇地区，城镇人口不断增长的过程。通常，衡量城镇化发展的重要指标是城镇化

率，主要采用城镇人口数量与总人口数量的比重来表示。表面上看，一个地区城镇化率的提高是城镇人口不断增长的结果，总人口数量与城镇化率成反比例关系，但在实际的城镇化发展过程中，人口总体规模增长也是城镇化实现持续发展的必要条件。根据预测分析，按照增长型方案，到 2035 年，甘肃省人口总体规模将保持持续增长的状态，在此基础上，将会有更多乡村人口转移到城镇地区。

（2）人口结构变化为城镇化发展提供必要的人力资源保障。

随着城镇化的发展，农村人口不断向城镇迁移，能够进入城镇的乡村人口主要是具有劳动能力的年轻群体。预测数据表明，2020 年甘肃省峰值人口步入 60 岁年龄大关，已经面临迅速老龄化的问题，但适龄劳动力人口中仍然有两个明显的峰值，分别为 50~54 岁和 25~34 岁人口，而且在 2025 年之前劳动力人口正处于高位状态，此外，10 岁以下的幼龄儿童数量仍处于增加态势。这种人口结构变化特征充分表明短期内甘肃省劳动力人口供给充足，大量农村剩余劳动力仍然可为城镇化快速发展提供必要的人力资源保障。

（3）人口分布变化促进以都市圈和城市群为中心的新型城镇化发展。

"十四五"时期是我国新型城镇化加快升级发展的关键时期，城镇化建设将进入以城市群建设为中心的发展新阶段，不仅大、中、小城市和小城镇要实现协调发展，城市群、都市圈也会成为城镇化发展的主要中心，因此，"十四五"规划的政策导向十分明确，要进一步发挥中心城市和城市群的带动作用，建设现代化都市圈，打造新型城镇化的主体地域空间，在此过程中人口的聚集与发展必然是核心要素。从甘肃省城镇人口空间分布变化可知，未来甘肃省新增城镇人口主要聚集地是兰州—白银都市圈，新增城镇人口中大部分可能分布在兰州—西宁城市群以及关中平原城市群，这种人口聚集本身即为重要发展要素，也为聚集地区的发展带来更多活力，必然进一步促进新型城镇化的全面发展。

2. 人口变动为城镇化发展带来的巨大挑战

（1）就业压力增大。

甘肃省社会经济发展水平低、经济体量小，特别是能够吸纳大量就业人员的第三产业发展水平不高，城镇就业岗位有限，城镇新增就业人员数量连续多年几乎未变，近几年甚至出现减少情况。根据统计数据，2013年甘肃省城镇就业人员为43.46万人，2018年为43.13万人，2019年降为39.22万人；与此同时，城镇登记失业人数不断增多，失业率连年升高，2015年甘肃省城镇登记失业人数为9.48万人，城镇登记失业率为2.14%，2018年城镇登记失业人数为9.95万人，城镇登记失业率为2.78%，2020年城镇登记失业率已升至3.27%。因此，伴随着快速城镇化，大量农村剩余劳动力转移到城镇地区必然需要更多的工作机会，一方面加重城镇各方面管理的负担，另一方面城镇就业压力进一步增大。

（2）教育、医疗、社会服务等公共资源需求增加。

与全国大部分地区一样，甘肃省乡村和城镇地区的教育医疗社会服务等发展水平差距十分明显。各地区的优质教育医疗资源都是稀缺资源，并集中分布在城镇地区，人口由乡村转移到城镇，除了需要大量的工作机会，对教育资源、医疗资源也有一定的需求。一方面，大部分转移人口的子女需要在流入地就学，这给当地教育部门增加了压力；另一方面，长期以来我国城乡医疗服务供给并不均衡，人口逐渐向城镇集中，城镇数量和城镇人口规模迅速增加，会使乡村医疗机构的服务对象和内容逐渐发生变化，必然会加剧人们对城镇优质医疗资源的占用和竞争。此外，随着社会服务及保障制度的改革，乡村人口进入城镇后对其他各类公共资源的需求也会增加，这些都是亟须应对的难题。

（3）农村老龄化加剧。

甘肃省乡村地区的贫困人口多、贫困程度深，曾经是全国脱贫攻坚任务最重的省份，经过多年不懈努力，2020年11月，随着东乡、临夏、宕昌、西和、礼县、通渭、岷县、镇原最后8个县正式退出贫困县序列，甘肃省75个贫困县全部脱贫摘帽，标志着甘肃省已全面消除了绝对贫困。未来一段时间，甘肃省面临的主要任务是继续巩固脱贫成果，全面推进乡村振兴。因此，甘肃省乡村地区的发展任务仍然繁重而艰巨，仍然需要广大干部和当地群众继续努力，那么，具有相当数量和技能的劳动力资源必然是振兴乡村地区的基础条件。当前，伴随着乡村年轻劳动力外出，乡村老年人口比例明显上升，不仅加快了乡村人口的老龄化，也进一步加剧了乡村的空心化，使部分乡村地区出现劳动力短缺，难免会影响甘肃省乡村地区的整体发展。

二、甘肃省城镇化发展的主要制约因素

1. 地形环境的限制

甘肃省地处西北内陆地区，地形狭长，东西蜿蜒 1000 多千米，南北跨度也超过 1000 千米，区域气候、地貌等复杂多样，大部分地区生态环境比较脆弱，人口的基础承载能力不强，因此在很大程度上限制了城市的发展规模、职能结构及空间布局，从而也影响了甘肃省的城镇化发展水平和进程。具体而言，甘肃省东南部气候宜人，雨量充沛，但境内山地面积占比大，平地少，部分城市只能分布在山间河谷地带，城市扩张用地极其有限，城镇化发展缺乏广阔腹地，因而城市的发展空间受到限制。而甘肃省西部地域面积广大，地形相对平坦，但大部分地区干旱少雨、多年平均降水在 200 毫米以下，但蒸发量超过 2000 毫米，工农业发展及居民生活主要依赖于南部祁连山区的冰雪融水，水资源十分短缺，成为制约生态环境保护和社会经济发展的关键因素。与此同时，甘肃省一些依赖石油、铁矿等矿产资源成长起来的资源型城市，目前均面临资源枯竭或后备资源不足等问题，对城市持续发展影响极大。

2. 工业化进程缓慢

城镇化是工业化发展的产物，目前甘肃省仍然处于工业化中期向后期的过渡阶段。相关研究表明，发达国家的城市化进程大体与工业化进程相一致，两者有很强的相关性，从这个意义上说是工业化推动了城市化。1975 年，著名经济学家钱纳里和塞尔昆从理论上描述了城市化与工业化之间的关系，提出了城市化与工业化比较的世界发展模型，这一模型为研究工业化与城市化发展的关系提供了可靠的理论支持。张正涛等应用改进后的 “发展模型” 得出 2000 ~ 2013 年甘肃省的常态城镇化率，并与同期甘肃省的实际城镇化率进行了比较分析，认为 2010 年之前甘肃省的城镇化发展速度较快，在这之后甘肃省的城镇化发展开始滞后。为了探究原因，他进一步计算了甘肃省的城镇化率与工业化率的偏差系数，通过

偏差系数的大小来反映城镇化与工业化的偏差程度，结果表明，2010 年以后甘肃省的工业化滞后于城镇化，工业化推动城镇化的作用放缓，也就是说，工业化对城市化的贡献作用开始减弱。

3. 居民收入水平低

现阶段，城镇化就是让更多农村人口从根本上转变为城镇人口，其关键在于大量农村剩余劳动力是否能够从农业生产部门中完全转移出来。由于农村居民在向城镇转移过程中需要加大自身的投资和消费支出，所以这必然要求其具有一定的经济条件和基础。相关专家通过研究城镇化与农村居民收入的关系，认为农村居民收入与综合性城镇化水平之间存在影响显著的长期均衡关系。因此，提高一个地区的农村居民收入水平对综合性城镇化建设具有推动作用，换言之，只有农村居民收入水平不断提高，才能建设更高水平的城镇化。从数据来看，2019 年甘肃省农村居民可支配收入为 9629 元，而全国农村居民可支配收入为 16021 元，差距较大，这也在一定程度上说明了甘肃省城镇化水平低于全国平均水平的原因。因此，甘肃省农村居民收入水平低，理论上必然影响到甘肃省城镇化发展的进程。

4. 基本公共服务保障不足

基本公共服务主要包括基本民生服务、公共事业服务、公共基础服务以及公共安全服务等方面。甘肃省经济发展水平低，财税收入不足，因而基本公共服务的制约作用仍然比较明显。首先，就业指导培训工作不够充分，大量农村闲散劳动力转移和就业难，大多数农民工的技能素质不适应产业转型升级的需要，这种结构性矛盾较为突出，制约了农村人口向城镇转移。其次，房价收入比较高，中低收入家庭的住房困难问题依然存在，而且城市优质医疗卫生资源仍然紧缺，优质教育资源分布不均。最后，城镇基础设施建设水平相对于全国而言仍然落后，同时基本公共服务保障与户籍制度改革、农业人口大量转移的实际需求还存在较大差距。

三、甘肃省未来城镇化发展的原则及对策

1. 基本原则

一是坚持以人为本。要把提高甘肃省人民群众生活质量作为加快城镇化发展的出发点和落脚点，使城镇化发展的成果能够惠及甘肃省各族各地人民，不能在推进城镇化过程中置广大人民的群众利益而不顾。二是坚持新型城镇化。坚持新型城镇化发展的基本要义，以城乡统筹、城乡一体、产业互动、节约集约、生态宜居、和谐发展为基本特征，坚持大、中、小城市和小城镇协调发展、互促共进的基本路径，全面提升城镇化水平和质量。三是坚持因地制宜。必须立足甘肃省情，突出甘肃省文化大省和多民族融合的特色，注重城镇发展的时代特征、文化底蕴与民族传统，因地制宜地推进新型城镇化建设。四是坚持绿色集约发展。以新一轮国土空间规划为依据，坚决贯彻执行生态环境保护的理念，节约利用土地资源，着力促进城镇化从外延式扩张向内涵式发展转变。五是坚持合作开放。加强省内各市（州）之间和市（州）内部的沟通与协调，同时着眼于区域协调一体化，注重与周边省区的合作与发展，实现互利共赢。

2. 发展对策

甘肃省地域广阔，地形地貌多样，各地发展条件不同。推进新型城镇化发展必须因地制宜，落实主体功能区规划，按照重点开发区和限制开发区的不同要求，突出河西走廊内陆河地区、中部黄河流域地区、陇东黄土高原和陇南长江上游地区的不同特点，把握不同区域的资源禀赋和资源环境承载能力，明确主体功能定位和发展方向，健全国土空间开发、资源节约利用、生态环境保护体制机制，努力形成人与自然和谐相处、主体功能定位清晰、城乡融合协调发展的新局面。

（1）提高城镇空间利用效率，并更加注重集约发展。

甘肃省自然类型复杂多样、资源环境承载能力弱，土地广阔但适宜开发的面

积少。甘肃省 88.7% 的国土面积属于限制和禁止开发区域，城镇发展空间有限。目前甘肃省城镇人口人均用地 131.7 平方米，大大超过全国平均水平。通过提升天水市、平凉市、庆阳市等重要节点城市的综合承载能力，适度扩大城市人口规模、提升综合服务功能、壮大特色优势产业、增强对城市群发展的支撑作用。因地制宜发展特色产业，推动秦安、甘谷等具备条件的县设市，增加城市数量，培育发展中小城市以及特色小城镇，解决人口城镇化的发展速度滞后于土地城镇化的状况，实现土地城镇化与人口城镇化的协调发展。把城镇国土空间开发的着力点转变到调整优化空间结构和提高空间利用效率上来，走空间集约发展的道路。

（2）构建布局更加合理的城镇化建设新格局。

依据甘肃省各地发展条件多样性特点和新型城镇化发展要求，针对中心城市带动能力不强、中小城市发育缺位、"城市病"日益凸显，综合实力较弱、小城镇集聚、发展空间受限和承载能力弱等突出问题，进一步优化甘肃省城镇布局和空间开发结构，在提升区域中心城市功能的同时，加快发展各具特色的中小城市，形成以中心城市和城市组团为主体、中小城市和小城镇为基础的优势互补、布局合理的城镇化建设新格局。

（3）推进城市集群和组团发展。

《兰州—西宁城市群发展规划》《关中平原城市群发展规划》等国家级城市群协同发展战略的相继实施说明甘肃省的城市群发展战略已从省内上升至国家层面，也是甘肃省城市群发展战略积极融入国家战略的重大实践成果，对于全面提升甘肃省城镇化发展层次和水平，促进甘肃省区域协调发展和推进"一带一路"建设具有重大的现实意义和深远的历史意义。加快推进形成以三大城市群为核心，以区域性中心城市和城市组团发展为支撑的"一带双圈多节点"的城镇化空间布局。以点带线、由线到面拓展区域发展新空间，重点打造城镇发展带，带动周边节点城镇，建设兰州—白银都市圈，提升兰州区域中心城市功能，壮大重要节点城市，增强人口集聚能力和经济发展活力，提升人口总量和经济密度。以兰州市为重点，统筹城镇建设、资源开发和交通线网布局，向东加强与关中平原和东中部地区的联系，向西连接丝绸之路经济带沿线国家和地区，打造城市群发展和开放合作的主框架。目前，省内城市群协同发展格局基本形成，各领域发展取得长足进步，发展质量明显提升，在全国区域协调发展战略格局中的地位更加巩固。

（4）提升城镇化的产业支撑能力。

产业发展是实现传统城镇化向新型城镇化转变的基本保障和根本动力。首先，长期以来，甘肃省传统的以种植业和牧业为主的第一产业吸纳的劳动力人口较多，因此要加大现代绿色农业产业的投资与发展，通过加快现代农业产业化，提高农业生产效率，有效减少农业生产对劳动力的需求。其次，要调整工业部门内部的生产比重，在加快传统重化工业改造升级的同时，有选择地加大对具有发展优势的轻工业的投资力度，调整工业部门内部的生产比重，不断发挥轻工业吸纳大量劳动力的优势。再次，要大力发展第三产业，特别是发展生产性服务业和生活性服务业，扩大有效就业，不断引导剩余劳动力从第一产业和第二次产业中分离出来，使之进入劳动生产率更高的第三产业。最后，要利用资源禀赋优势，大力发展战略性新兴产业与特色优势产业，大力培育文旅产业，使文旅产业成为甘肃省新型城镇化进程中新的支柱型产业。

（5）深化相关领域体制机制改革。

着力完善城乡户籍制度改革，全面放开甘肃省城镇户籍政策的限制性条款，采取开放性的新政策，可以将具有稳定住所的流动人口和外来务工人员及其家属登记为本地常住人口。不断推进城镇住房制度改革，完善住房保障体系，深入有效地实施住房保障制度，切实解决城市新增人口和低收入家庭的住房困难。加大社会保障体制配套改革，统筹加快城乡教育体制改革，加强社会保险体制改革，围绕推进新型城镇化和提高民生福祉，将均衡发展公共服务作为长期目标，不断进行各项配套改革，逐步实现社会公平。

第五章 推进以人为核心的 新型城镇化发展战略

改革开放40多年来，我国经历了人类历史上规模最大、速度极快的城镇化进程。1978~2019年，我国城镇化率从17.92%提高到60.60%，城镇常住人口从1.72亿人增长到了8.48亿人，是世界城镇化的一个奇迹。回顾我国城镇化发展历程，始终立足于我国特色社会主义国家的基本制度和基本国情，适应城镇化各个发展阶段的特征，探索不同阶段的城镇化道路，是我国城镇化取得卓越成就的重要历史经验。自党的十八届三中全会推出"坚持走我国特色新型城镇化道路，推进以人为核心的城镇化"重大方针以后，我国城镇化步入新的历史进程。总结我国城镇化发展的特点、经验，直面城镇化进程中存在的问题，准确判断城镇化未来发展趋势，积极谋划我国城镇化由高速度向高质量发展转换的可行方向，是实现以人为核心的新型城镇化发展战略的重要前提。

第一节 以人为核心的新型城镇化的提出及内涵

中国城镇化经过长期大规模高速扩张之后，进入战略转型期。尽快走出过度消耗资源、破坏生态环境、牺牲农业的传统城镇化老路，真正推进以人为核心的新型城镇化，成为新时代的历史使命。

一、传统城镇化发展特点及问题

进入 21 世纪，在中国工业化、城镇化进程高歌猛进时期，人类社会发展与自然资源、生态环境之间的矛盾和冲突日益凸显、愈演愈烈，以可持续发展观为核心理念的生态文明成为现代社会发展的重要目标和主旋律。当下，以生态文明理念的视角来审视，传统城镇化理论存在严重的局限性：

一是强调工业化是城镇化的首要推动力，以静止和孤立的立场看待工业与农业、城市与乡村之间的关系，更多地强调工业与农业、城市与乡村的不同，在自觉不自觉之间忽视农业、农村在人类社会生产、生活和生态中的基础性、决定性地位。

二是强调集聚效应、规模效应。传统城镇化理论发端于工业化早期，成熟于工业化中期，客观上受时代生产技术水平的局限，特别重视集聚效应、规模效应在经济社会生活中的重要性。进入 21 世纪，随着人类生产力水平的提高、现代化进程的加快，电子、信息和网络技术广泛应用，方便快捷的现代交通设施、交通工具得到普及，世界已经变成一个紧密相连的"地球村"，人与人、人与物的互联互通已经非常简单容易，传统意义的交易成本、交易费用大大降低，聚集效益、规模效应的关键性意义亦随之发生重大变化，区位因素对现代生产方式和生活方式的影响力渐渐减弱。总之，在现代社会，城镇化的客观条件已经发生深刻变化。

三是传统城镇化理论不可能适应所有国家，也不可能适应所有发展阶段。传统城镇化理论是世界发达国家工业化城镇化的历史经验，是在工业文明早中期生产力水平下，工业化先行国家城镇化发展的一般性规律的总结。早期工业化国家实现城镇化的一个重要条件，就是大规模开拓海外殖民地，并把殖民地变成转移人口、掠夺原材料、倾销商品的基地。如同任何一种理论都不可能适应所有范围、所有条件一样，传统城镇化理论的核心理念——工业化是城镇化的推动力，城镇化是工业化的必然结果，同样不可能适应所有国家的所有发展时期。后期实行工业化的发展中国家和地区，其城镇化进程所具备的条件不可能同早期工业化国家一样。不同的国家，国情不同、发展条件不同、发展阶段不同，就应该不断探索适合自己国情特点的城镇化理论和模式。

正是由于传统城镇化理论及其发展方式本身具有局限性，所以其在世界各国城镇化的具体实践中不同程度地存在三大矛盾和问题：

一是资本主导、工业优先、城市优先的发展模式，常常使劳动者处于悲惨或不利境地。传统城镇化的首要推动力是工业化，工业化的首要推动力是资本的原始积累，而资本的原始积累总是伴随着下层劳动者的血泪史，正因为如此，马克思的著名论断"资本来到世界，从头到脚，每个毛孔都滴着血和肮脏的东西"才有其产生的必然性。早期工业化先行国家是如此，后期工业化国家也不例外，只是表现方式和程度有所不同而已：从英国工业化初兴起的"圈地运动"导致的"羊吃人"现象，到19世纪"工业技术的天堂'焦炭城'里产业工人天经地义的正常生活环境：黑暗的蜂房、叮叮当当、喧闹不休、漫天烟雾、乌烟瘴气"，再到21世纪拉美许多国家和印度的大型、超大型贫民窟的存在。而在中国，由于特殊制度安排，城镇化进程则表现为大量存在的在城乡之间"钟摆式"迁徙的"农民工"。这些现象产生的根源在很大程度上不是在于资本主义制度还是社会主义制度，而是在于传统工业化和城镇化模式所特有的资本主导、工业优先、城市优先的发展机制。在工业化和城镇化早中期阶段，很少有国家可以幸免。

二是"城市病"如影随形。传统城镇化强调工业化是城镇化的首要推动力，并以非农人口占总人口的比重作为衡量城镇化率的首要指标，强调规模效益、集聚效应，这种发展方式虽然促进了城市地区的经济繁荣、效率提高，但是其最终也必然导致城市规模无限扩张、人口规模不断膨胀，房价高企、交通拥堵、能源消耗剧增、人居环境恶化、城与乡割裂、人与自然分离，随之，又会引发社会交易成本上升、粮食安全和食品安全问题凸显、贫富差距和城乡差距扩大等一系列关系社会、经济、生态持续发展问题的连锁反应，乃至恶性循环。不论是发达国家还是发展中国家，都难逃这一发展宿命（一些有特殊制度安排的城市例外）。工业化、城镇化高速推进中的中国，也存在这些现象。

三是忽视农业、忽视生态环境，是一种不可持续的城镇化。以工业化为动力，资本主导、工业优先、城市优先的传统城镇化方式，本质上是西方国家的工商业文明对东方农业文明的取代，甚至完全否定，是世界各国普遍盛赞、争先恐后追求的所谓"现代化"的进程。也就是说，18 世纪 60 年代兴起至今 200 多年的工商业文明，完全取代和否定了人类已经发展了 2000 多年的农业文明。无论是近代工业化、城镇化的发端地英国、美国，还是后续陆续追赶的日本、韩国、巴西等国家，当然也包括当下工业化和城镇化正在高歌猛进的中国，都曾经历了或正在经历着农村衰落、生态恶化、环境污染、资源枯竭的严酷现实。工业文明创造了巨大的财富，促进了人类社会的进步与繁荣。但工业文明有着根本性的缺陷：高度发达的科学技术和生产力及其特有的制度设计，以鼓励消费和奢侈浪费来维持规模生产，以过度追求利润为发展目标，完全忽视自然资源的再生产能力和生态环境的承载能力。因此，从工业文明诞生之日起，其弊端和缺陷就引起许多思想家的反思和批评。马克思、恩格斯都曾经对工业文明所导致的人与人、人与自然的"异化"现象进行过反思；卢梭对工业文明过分膨胀的工具理性可能带来的危害性发出警告。从当下来看，这些思想家担忧和警告的现象并没有因为科学技术的日益发达而消失，工业文明的弊端和缺陷只是在不同历史时期有着不同程度、不同方式的表现而已，生态文明代替工业文明也就成为人类历史发展的必然要求和趋势。

二、新型城镇化的提出

新型城镇化概念的提出始于党的十八大。2012 年，党的十八大提出要坚持走中国特色新型工业化、信息化、城镇化、农业现代化道路，"新型城镇化"的概念开始出现，并成为社会关注的焦点。此后，"新型城镇化"逐步出现在国家的一些重要文件中，概念内涵也更加明确。

2013 年，党的十八届三中全会明确提出坚持走中国特色新型城镇化道路，之后，中央城镇化工作会议再次强调"走中国特色、科学发展的新型城镇化道路"。

《中国新型城镇化规划（2014—2020 年）》正式颁布实施，这是新时代下国家准确研判城镇化发展的新趋势新特点，合理妥善应对传统城镇化面临的问题、矛盾和风险的重大举措。按照《中国新型城镇化规划（2014—2020年》的要求，新型城镇化突出了四个方面的重点：一是突出了人的城镇化，该规划明确提出要全面提高城镇化质量，加快转变城镇化发展方式，以人的城镇化为核心，有序推进农业转移人口市民化。二是突出了城市群的发展，提出要以城市群为主体形态，推动大中小城市和小城镇协调发展。三是突出了生态文明的理念，提出要以综合承载能力为支撑，提升城市可持续发展水平。四是突出了创新驱动的理念，提出要以体制机制创新为保障，通过改革释放城镇化发展潜力，走以人为本、四化同步、优化布局、生态文明、文化传承的中国特色新型城镇化道路，促进经济转型升级和社会和谐进步，为全面建成小康社会、加快推进社会主义现代化、实现中华民族伟大复兴的中国梦奠定坚实基础。

2019年4月，国家发布了《2019年新型城镇化建设重点任务》，旨在加大户籍制度改革力度，推进常住人口基本公共服务全覆盖，让已在城镇就业的农业转移人口顺利落户。

2020年10月29日，中国共产党第十九届中央委员会第五次全体会议通过的《中共中央关于制定国民经济和社会发展第十四个五年规划和二〇三五年远景目标的建议》进一步强调"推进以人为核心的新型城镇化"，并提出具体措施：合理确定城市规模、人口密度、空间结构，促进大中小城市和小城镇协调发展；深化户籍制度改革，完善财政转移支付和城镇新增建设用地规模与农业转移人口市民化挂钩政策，强化基本公共服务保障，加快农业转移人口市民化；推进以县城为重要载体的城镇化建设。

2021年4月29日，第十三届全国人民代表大会常务委员会通过的《中华人民共和国乡村振兴促进法》形成了更加明确的具体措施：县级以上地方人民政府应当采取措施促进在城镇稳定就业和生活的农民自愿有序进城落户，不得以退出土地承包经营权、宅基地使用权、集体收益分配权等作为农民进城落户的条件；推进取得居住证的农民及其随迁家属享受城镇基本公共服务。这标志着推进以人为核心的新型城镇化已经成为基本国策。

从当下来看，新型城镇化正是在生态文明背景下，中国反思工业文明弊端和缺陷，针对中国传统的、粗放式的城镇化存在的问题与弊端提出来的具有特殊内涵的概念，是中国城镇化发展的新阶段。我国近现代城市化进程主要源于工业文明时代产业资本集中所要求的积聚化、规模化、标准化派生的一系列制度体系，形成了产业集群和城市带、城市群叠加在一起并以大城市为中心的发展模式，工业文明时代形成的以大城市为重心的集中式城市化发展方式已经不适应生态文明时代的要求。新型城镇化概念的提出，是我国顺应生态文明发展的内在要求，强调以人为本、强调城乡一体化发展的结果，发展主体将由大城市逐渐转向全国3000多个县级市及县域范围内的中心镇。

三、新型城镇化的内涵及本质要求

自党的十八大明确提出新型城镇化之后，我国理论界从不同角度研究了新型城镇化的基本内涵和本质要求，对新型城镇化内涵的理解和界定呈现多元化特征。牛文元（2012）认为："新型城镇化是注重城乡一体化，注重集约发展、和谐发展，提升农民和城镇居民的生存、生活质量，转变经济发展方式，实现资源节约、环境友好、大中小城镇协调发展的道路。"吴殿廷（2013）认为："新型城镇化是以人为本、注重质量、统筹城乡及绿色发展的城镇化发展道路。"仇保兴（2012）认为："新型城镇化是从城市优先发展、高耗能、数量增长型、高环境冲击型、放任式、少数人先富的城镇化向城乡协调发展、低能耗、质量提高型、低环境冲击型、集约式社会和谐的城镇化转型发展。"张占斌（2013）将新型城镇化的内涵和特征概况为四个方面："一是'四化'协调互动，推动产城融合，实现城乡统筹发展和农村文明延续的城镇化；二是人口、经济、资源和环境相协调，倡导集约、智能、绿色、低碳的城镇化；三是构建与区域经济发展和产业布局紧密衔接的城市格局，推进大中小城市与小城镇协调发展的城镇化；四是实现人的全面发展，建设包容性、和谐式的城镇化。"魏后凯和关兴良（2014）总结了新型城镇化的内容和目标："在推进城镇化的过程中，必须把城市和农村作为一个有机整体来谋划，破解城乡二元顽疾，建立并完善城乡融合互动发展的体制机制，加快城乡产业融合发展，促进城乡互动双赢、互补融合，形成以城带乡、以工促农、城乡一体的协调发展格局，使城乡居民享受均等化的基本公共服务和大体一致的生活质量。"

综上，在新的历史时期，"以人为核心"的城镇化是中国新型城镇化的新特征和新使命。

第二节　新型城镇化发展趋势和发展方向

2019年，中国城镇化率突破60%，中国已经由一个以农业人口为主的社会转变为一个以城市人口为主的社会。但是中国经济发展的外部环境已发生深刻变化，支撑中国城镇化快速发展的基本因素正在减弱，大规模、快速扩张的城市发展模式即将成为过去，中国城镇化已经进入下半程，中国城镇化发展的方向也将随之发生重大变化。

一、发展趋势

城镇化发展的国际经验表明，城镇化率在30%~70%是城镇化的快速推进时期。其中，城镇化率50%是一个重要的转折点，30%~50%为加速时期，50%~70%为减速时期。当前，中国城镇化率已突破60%，今后中国城镇化的速度将逐步放缓，由加速推进向减速推进转换。由于中国各区域的经济发展阶段和城镇化水平存在差异，未来各区域的城镇化发展趋势仍将呈现不同的格局。

未来20年中国城镇化仍将处于快速推进时期。魏后凯（2015）采用经验曲线法、经济模型法和联合国城乡人口比增长率法对中国城镇化趋势进行了预测，综合三种方法的预测结果是：到2020年，中国城镇化率将达到60%左右（实际发展结果是2020年中国城镇化率达到63.89%，根据城市型社会的阶段划分标准，届时中国将进入中级城市型社会；2030年，中国城镇化率将达到68%，预计到2033年前后达到70%，这意味着中国城镇化快速推进还有一定的空间，之后中国将进入城镇化缓慢推进的后期阶段；2040年，中国的城镇化率预计达到

75%，进入高级城市型社会；2050 年，中国城镇化率将突破 80%，总体完成城镇化的任务。

中国经济社会发展的实际情况也表明了中国城镇化已进入减速期。受经济增长速度放慢、人口结构变化等因素影响，中国劳动人口数量开始下降，2010~2015 年，农村 15~64 岁人口年均下降 1045 万人。受此影响，中国每年进城务工的农村转移人口也开始减少，年度新增农业转移人口总量已从 2010 年的 1688.6 万人降至 2016 年的 704.3 万人，年均下降 15.7%。此外，随着经济全球化退潮、贸易保护主义抬头，支撑中国城镇化快速发展的基本因素正在减弱。许多地区特别是一些特大城市进入了后工业化阶段，大部分城市的产业形态加速调整，城市发展动能发生变化，现代信息技术、平台经济等科技创新、生产服务、人力资本等城市发展要素的重要性日益凸显，土地财政的空间越来越少，地方财政大规模、快速扩张的传统城镇化发展模式即将成为过去。与此同时，随着乡村振兴战略的不断推进，乡村吸引力不断增强，每年将会有规模不断扩大的农民工返乡。

在众多因素影响下，中国城镇化速度必将放缓。但由于中国每年还有一定数量的城镇人口自然增长和普通高校农村籍新生，仅此两项加起来每年至少 760 万人，仍然能够支撑中国城镇化率提高 0.55 个百分点。在中国经济增速有所下降的背景下，城镇化水平能够保持这样一个速度，依然是一个较好的水平。如果国家政策再加快调整，农村留守儿童、留守妇女和留守老人能够进城，农村转移人口增加，那么 2030 年之前中国的城镇化速度仍会保持在 0.8~1 个百分点。

展望中国城镇化的未来，中国城镇化进程已经进入下半程成为普遍共识，以人为核心、高质量发展必将成为新型城镇化进程的主旋律。

二、基本方向

人多地少、耕地资源有限，人均资源占有量少，城乡区域差异大，农民市民化程度低、成本高，面临的障碍多，这是中国的基本国情，也是当下城镇化进程必须面对的基本挑战。因此，在新的历史时期，推进新型城镇化建设必须立足基本国情，推动城镇化由追求速度向追求质量转变、由粗放型向集约型转变、由城乡分割型向融合共享型转变、由不可持续向可持续发展转变，实现更高质量的健康城镇化目标，是传统城镇化向以人为核心的新型城镇化转变的基本方向。

1. 走"以人为核心"的高质量城镇化之路

数以亿计的农业转移人口未能落户城镇或在城镇平等、全面地享有城镇基本公共服务，是中国城镇化质量不高的核心问题。解决这一问题不仅仅需要户籍登记制度改革、行政建制变更和区划调整，更需要对现行财税制度进行改革以激励城市政府通过科学管理吸纳更多的人口，需要加快农村土地制度改革步伐使进城落户者的利益得到保护。为此，应把城镇化问题的关注重点，放在提高城镇基本公共服务供给、激发农业转移人口在城镇的消费需求上来，紧紧围绕人在城镇化进程中的核心需求，推动相关领域深化改革，推进均等化公共服务，实现城镇化质量的全面提升。

2. 走集约型城镇化之路

坚持节约资源的基本国策，大力推广城市节能、节材、节水、节地技术，提倡节能节地型建筑，培育节约型生产、生活方式和消费模式，建立高效集约节约利用资源的长效机制，走紧凑节地、高效节约的集约型城镇化道路，减少城镇化过程中的资源消耗，提高城镇资源配置效率。科学确定各类城镇建设密度，研究制定各项集约指标和建设标准，强调紧凑、集中、高效的城镇建设模式，充分挖掘城镇土地潜力，集约节约利用土地，促使城镇从粗放发展向集约发展转变，形成紧凑、高效的城镇用地格局，建设紧凑型城镇、紧凑型社区、紧凑型园区、紧凑型村庄，防止城市过度蔓延和无序发展。

3. 走可持续城镇化之路

坚持生态环境保护优先，充分利用自然山体、河流、湖泊、森林、农田等，构建开放的城镇生态廊道和生态网络，积极推广节能环保、绿色低碳技术，加快构筑绿色生产和消费体系，推进生态城市、园林城市、森林城市、环保模范城市和"阳光城市"建设，推动形成与资源环境承载能力相适应的城镇化格局，促进城镇发展与生态环境保护深度融合，走绿色、低碳、环保、宜居的可持续城镇化之路。科学确定开发强度，划定生态红线，合理布局生产空间、生活空间和生态空间，建设可持续宜居的美丽城镇，创造一个生产发展、生活富裕、生态优美的人居环境。

4. 走多样化城镇化之路

坚持大中小城市和小城镇协调发展，综合考虑城镇承载能力和人口吸纳能力，合理引导农业人口有序转移，推动形成合理分工、协调发展、等级有序的城镇化规模格局。积极引导城市群有序发展，着力提升其国际竞争力、自主创新能力和可持续发展能力，使之成为引领全国发展的主导地区和推进城镇化高质量发展的主体形态；促进大城市产业转型和功能提升，调整优化空间结构，提高其综合承载能力，使之成为吸收新增人口的主渠道；加强中小城市和小城镇基础设施建设，提高公共服务能力和水平，积极培育特色优势产业，不断扩大就业机会，使之成为就近城镇化的重要载体。

5. 走经济发展和改革创新双驱动并重之路

适应城镇化高质量发展需要，以改革创新促发展，实现城镇化发展动力从单纯经济驱动为主向经济发展和改革创新双驱动并重转型。传统城镇化模式下，中国城镇化的快速发展主要依赖于地方政府的经济驱动力。分税制改革之后，粗放式土地经营给各地政府带来了巨大的级差地租，成为各级政府推进城镇化建设的重要目的和手段。改革开放之前，计划体制和城乡分割构成了城乡之间的壁垒。改革开放以后，以政府力量主导的自上而下的城镇化制度创新逐渐向以市场力量为主导的自下而上的城镇化制度创新转变，为人口迁移、非农产业发展提供了较大空间。但是影响城镇化发展的关键性制度约束仍然存在。

6. 走智慧型城镇化之路

坚持城市建设与智慧系统建设相结合的基本理念，综合利用现代科学技术，积极推动城镇化与信息化深度融合，加快智慧城市、智慧社区、智慧园区建设，完善智慧型产业体系和交通体系，强化城市智慧管理，依靠智能技术和智慧管理破解"城市病"，智慧地推进城镇化建设。加强顶层设计，制定统一的规范和标准，充分发挥社会和民间资本作用，防止各地盲目跟风、各自为政、贪大求全，大搞形象工程。

三、发展重点

在"十四五"和更长时期内，中国新型城镇化发展的着力点有以下三个方面：

1. 推进户籍和财政制度改革，落实农村转移人口市民化政策

2019 年 4 月，国家发布了《2019 年新型城镇化建设重点任务》，旨在加大户籍制度改革力度，推进常住人口基本公共服务全覆盖，让已在城镇就业的农业转移人口顺利落户。虽然中央政府对城镇化进程中的市民化问题高度重视，也相继出台了一系列政策文件鼓励和推动流动人口市民化，但在实际执行过程中，地方政府囿于地方利益并不积极，流动人口市民化的进程仍然比较缓慢。

未来应在改革户籍制度的同时，明确流动人口市民化在各级政府之间的财政责任负担，使财政的事权和支出责任相匹配，建立流动人口市民化的财政专项转移支付制。流动人口市民化成本主要由一般公共预算支出中的教育支出、医疗卫生支出及社会保障和就业支出等组成，中央财政和省财政可以根据主要人口流入城市的人均教育支出、医疗卫生支出、社会保障和就业支出水平以及流动人口数量，对流入城市进行专项转移支付，增强转移支付资金使用的针对性，加快推动流动人口市民化政策的落实。

2. 以新型城镇促进城乡融合发展和乡村振兴

国际经验表明，城乡融合发展是城乡关系演进的高级阶段。当前，中国人均GDP 已超过 1 万美元，城镇化率超过 60%，已经进入城乡融合和一体化的新阶段。在新时代，新型城镇化必须以推进城乡融合发展和乡村振兴为着力点。

一是推进新型城镇化，必然要求以市民化为核心。在城镇化进程中，为全体居民提供全覆盖、均等化的基本公共服务；赋予进城农民与城镇居民平等的权益，赋予农民更多的财产权利，农民进城不能以放弃农村的财产权益为代价。随着农村人口向城镇集中，以人为核心的新型城镇化格局将有助于增加农民的收入，促进农业适度规模经营，促进农村经济增长，由此促进城乡融合和乡村振兴。

二是推进新型城镇化，强调以城带乡、城市支持农村。推进新型城镇化建设，必须坚持以城带乡，坚定不移地走城市支持农村的城镇化新路。充分发挥中心城市的辐射带动作用，更加重视中小城市和小城镇、卫星城、农村新型社区建设，推动农民就地就近实现城镇化，依靠就地城镇化带动新农村建设。充分发挥城镇对生产要素的集聚和整合功能，辐射带动周边农村协调发展，在更高的起点上实现以城带乡、城乡互动，提高城乡融合发展水平。

三是推进新型城镇化，必须坚持城乡一体、"四化"同步。绝不能以耕地大量减少、牺牲粮食和农业安全为代价，城市的繁荣和增长绝不能建立在农村的衰落基础上。农业和农村不仅承担着保障粮食安全和生态功能的重任，而且为城市居民提供了重要的生态和休闲空间。为此，在推进新型城镇化的过程中，必须破除城乡二元结构，打破条块分割，推动城乡要素自由流动、平等交换和公共资源均衡配置，建立完善城乡统一的户籍登记管理制度、土地管理制度、就业管理制度、社会保障制度和行政管理制度，全面推进基本公共服务均等化，实现城乡居民生活质量的等值化。

当然，城乡一体化不等于城乡一样化，在确保基本公共服务均等化、城乡体制机制一体化的前提下，城乡必须实现差异化发展。农村作为农业和生态空间，主要是提供农产品和生态产品，也是城市居民的生态休闲空间，应当呈现一幅山清水秀、村容整洁、乡风文明、生活富裕的美丽乡村景象。总之，要通过城乡差异化发展实现城市让生活更美好，农村让城市更向往。

3. 将中西部作为推进新型城镇化的主战场

当前，东部地区城镇化率已经超过60%，进入城镇化减速推进时期，而中西部城镇化率尚未越过50%，今后一段时期内，中西部城镇化进程仍将会保持较高的速度，未来中国加快城镇化的主战场在中西部地区，中西部地区将成为中国推进城镇化和吸纳新增城镇人口的主要载体。加快中西部地区的城镇化进程，不仅有助于推动中西部的就地城镇化，减少中西部人口向东部流动，缓解东部珠三角、长三角和京津冀三大城市群人口、产业高度集中的压力，还有助于缩小中西部与东部地区之间的发展差距，促进国土空间均衡开发和区域协调发展。

加快中西部地区城镇化进程，需要从三个方面入手。一是提高中西部城镇产业支撑能力。产业是城镇化的核心支柱，没有产业的支撑，城镇化就会缺乏持久的动力，城镇就会成为"空壳"。当前，中国的制造业高度集中在沿海地区，中西部地区仍然有大量人口，为促进人口与产业协同集聚，必须积极引导和促进沿海产业向中西部转移，为中西部创造更多的就业机会。中西部地区要积极优化环境，创造有利条件，从自身优势出发有选择地承接产业转移，把产业承接与产业升级有机结合起来。但要做到产业承接，污染不承接，而不能来者不拒，将污染型产业转移到中西部。二是大力培育和建设城市群。中西部地区目前已初步形成武汉城市圈、长株潭城市群、江淮城市群、中原城市群、成渝城市群、关中城市群、兰州—西宁城市群等，应认真做好这些城市群的规划建设，让城市群吸纳更多的新增城镇人口，使之成为推进城镇化的主体形态。三是抓好中小城市和小城镇发展。由于中小城市和小城镇生活成本和进城门槛低、劳动力资源丰富，具有家乡情结的企业家和返乡农民工越来越愿意在离家近的中小城市及小城镇投资和就业。抓好中小城市和小城镇发展关键是要加强基础设施和公共服务建设，完善相关配套政策，吸引投资、产业和项目，合理引导人口集聚。

第六章 以人为核心的新型城镇化的发展路径

在我国现代化进程中，城镇化在规模和速度上经历了史无前例的发展历程，我国城镇化已经走向成熟阶段。当前，在新的发展阶段、发展格局和价值导向下，推进以人为核心的新型城镇化成为重要的国家规划。以人为核心的新型城镇化要围绕区域协调发展的新要求，注重发挥城市群的主导功能，再造区域协调、高质量发展的新动能，以创新、优化、协同为路径，以生态宜居宜业为突破，以创新要素聚集为抓手，以产业协同发展为支撑，推进城市群的基础设施、产业布局、生态环境、公共服务、治理体系等一体化发展。

第一节 发展与环境相协调的高质量城镇化

我国近四十年城镇化的发展不仅实现了大规模农业人口转移，促进了城市的聚集化、规模化发展。同时，城镇化的发展也消耗了大量资源，城市人口与资源、环境承载能力之间的矛盾日益突出，城市人口难以享受城市文明的发展成果。随着我国经济发展进入高质量阶段，过去以"大量建设、大量消耗、大量排放"为特征的粗放型城市发展方式已经不再合适。城市发展方式发生了重大转变，从基建投资主导的增量建设，逐步转向以存量优化提升为主的城市高品质发展。在城市产业布局和空间布局中，充分考虑城镇的生态承载能力，在城镇化进程中实现资源集约、生态宜居、和谐发展。

一、推进城镇化发展与国土空间布局相协调

以人为本的城镇化发展，要充分考虑城市发展与资源环境承载能力相适应。在城镇化发展过程中，科学合理优化国土空间布局，使人口布局、产业布局、公共服务持续有序地向中心城市聚集，生态安全、粮食安全、国土安全也得到充分保障，各类资源高效集约利用。国土空间资源的合理配置，也有利于城镇化发展中资源的合理利用和保护修复。

提高人民幸福感是以人为本的城镇化的首要目标，区域和城乡能够相互尊重，基础设施和基本公共服务水平大体均衡，构建基于城市群—都市圈—城镇圈—社区生活圈的"多中心、网络化、组团式、生态化"空间格局。城镇不仅是产业聚集、商业集中区，更是城镇居民生产、消费的集中区。以人为核心的城镇化要注重满足城镇居民的空间需求，通过打造"宜居、宜业、宜游、宜学、宜养"的生活圈，提高居民生活品质，享受城市文明带来的福利。

大城市要发挥聚集的规模经济效应，促进资本、人才、科技、资源等要素之间顺畅流动，鼓励创新活动，为各类新产业、新业态提供充足的场所保障和智力支撑。小城镇通过"小而全""小而精"的特色，发挥优势，促进本地发展。总之，城镇既是创新创业的基地、安居乐业的沃土，也是能够听音乐、看演出的诗意国土。城镇发展还要不断适应新的生产、生活和消费方式的变化，能够及时做出调整和应对。比如，网络电商的爆发式增长，需要各个环节的空间衔接；新能源汽车、自动驾驶、智能出行将对城市未来交通、基础配套、停车管理等提出全新的要求。

二、人口城镇化发展要强化土地资源效益

新型城镇化的快速发展，对城镇用地的需求将会持续增加。未来城镇人口的聚集区（省会城市、人口净流入城市或人口规模持续增大的城市群）对土地的需求将会持续增加，在土地承载力有限和人口规模增大的情况下，人地矛盾将更

加凸显。在既有的城乡社会经济发展制度体系下，快速工业化、城镇化过程驱动中国城镇和农村的人地关系发生着不同程度的变化。

（一）强化城镇建设用地利用效益

伴随着城镇化的发展和城镇人口的增加，城镇产业结构、就业结构、消费结构、基础配套设施等也将会有相应的变化，需要相应的自然资源保障。要合理确定交通、水利、能源、通信、网络等基础设施用地规模与布局，科学合理地安排土地利用结构和功能分区，谋求土地利用效益的最大化。要通过优化产业结构、调整产业布局等来实现土地资源的高效利用，提高单位土地上的投入产出水平，使土地从粗放利用到集约利用转变。要改变传统产业中以"高投入、高消耗、高污染"为特征的生产模式，实施绿色清洁生产，保障废弃物处理及循环综合利用所需用地，提高经济活动的效益。要顺应城镇就业人口特别是农村转移人口在城镇就业的状况特点，在改革城镇住房体制和完善住房供给体系的同时，满足其在城镇稳定居住的用地需求。

城市化的集聚效应提高了土地利用的效率，城市化的进程创造了大量的就业机会，促进了科技的大发展和推广应用，不仅有利于吸收农村大量剩余劳动力，带动广大农村的发展，改善区域产业结构，而且提升了科技对经济社会发展的贡献率，有利于推动土地利用的合理化。因此，在城市发展中，要合理布局生产空间、生活空间、生态空间，努力建设生产空间集约高效、生活空间宜居适度、生态空间山清水秀的新型城镇。

（二）强化农村土地资源的统筹利用

城镇人口规模的增加与吸引能力的提升源于强有力的产业支撑，未来那些人口规模稳定或持续减少、就业吸纳能力弱的城镇，特别是一些城镇下产业发展水平低、投资吸引能力弱、"摊大饼"式发展、资源综合利用效率和投入产出水平低的产业园区，都必须实施水资源、土地资源的优化配置、全面整合和集约发展。

自20世纪90年代中期起，各地大规模圈地规划建设产业园区。进入21世纪以来，在人口城市化快速发展的同时，土地城市化更是呈现爆发式的扩张过程，其中产业园区扩张速度明显加快，农地资源不断减少。从土地资源利用状况看，要采取多种方式推进城镇低效用地再开发，鼓励原有土地使用权人、农村集体经济组织、市场主体开展和参与城镇低效用地再开发，统筹兼顾低效用地再开发各方利益，完善城镇低效用地再开发各类历史遗留用地手续，积极稳妥推进城镇低效用地再开发。鼓励存量建设用地挖潜，对利用城镇存量土地进行建设的，可适当减免城市基础设施建设配套费；积极发挥税收的杠杆作用，加强土地闲置费征收，增大土地保有成本，抑制土地投机与浪费行为，促进土地流转，避免土地闲置。

第二节　实施城市更新、提升城市品质

城市更新行动是推动城市高质量发展的必然要求。我国已经步入城镇化较快发展的中后期，由大规模增量建设转为存量提质改造和增量结构优化并重。在城镇化快速推进过程中，我国城市发展的速度和规模远快于城市管理能力的提升。在城市的规划、建设和管理中，存在整体性、系统性、宜居性、包容性和生长性不足的问题，导致城市管理精细化程度不够，居住环境质量不高。通过实施城市更新行动，可以补齐城市基础设施和公共服务设施短板，提升城市品质，提高城市服务管理水平，让人民群众在城市生活得更方便、更舒心、更美好。

一、完善城市（城镇）的空间结构

在推进高质量的城镇化发展过程中，要顺应经济发展和人口流动客观规律，优化国土空间布局，因地制宜，构建以中心城市、都市圈、城市群为主体，大中小城市和小城镇协调发展的格局，进一步增强中心城市吸引人口和产业聚集的能力，提升中心城市的聚集、辐射和带动功能，拓展城市发展空间，激发科技创新活力。以中心城市引领带动城市群、城镇带和都市圈的发展，发挥核心增长城市的龙头作用。此外，城镇化发展还要充分发挥中小城市比较优势，促进城市分工协作，加强产业分工和资源共享，促进优势互补，提升城镇组团发展竞争力，推进区域重大基础设施和公共服务设施共建共享，建立功能完善、衔接紧密的城市群综合立体交通等现代设施网络体系，提高城市群综合承载能力。

二、塑造特色鲜明的人文城市风貌

建立城市历史文化保护与传承体系，建设体现城市文化风貌、民族特点、历史记忆的人文城市，让城市留下记忆、让居民记住乡愁。加大历史文化名城保护力度，保护具有历史文化价值的街区、建筑的传统格局和风貌，杜绝城市大拆大建，加强世界文化遗产、文物保护单位、考古遗址公园、历史文化名城保护，积极推动城市非物质文化遗产融入城市规划建设。优化城市空间和建筑布局，从城市历史和现实中汲取建设人文城市的营养，弘扬科学理性、民主法治、平等竞争、爱国诚信的价值取向。

三、建设共建共治共享的美好居住社区

坚持美好环境与幸福生活共同缔造理念，充分发挥社区党组织的领导作用和社区居民委员会的主体作用，统筹协调业主委员会和社区居民，利用"互联网+共建共治共享"等线上线下手段，开展多种形式的基层协商，实现决策共谋、发展共建、建设共管、效果共评、成果共享。积极改造提升社区供水、排水、供电、道路、供气、消防、生活垃圾分类等基础设施。因地制宜地开展社区居住环境建设和整治，改善小区及周边绿化、照明等环境，推动适老化改造和无障碍设施建设；合理配建停车及充电设施，优化停车管理，规范管线设置，提升社区宜居水平；推动发展线上线下社区服务业，提高服务精细化水平，满足居民多样化需求。开展美好环境与幸福生活共同缔造活动，通过发挥居民群众主体作用，共建共治共享美好家园。提升小区服务水平和质量，向专业化、社会化、市场化方向发展。

四、推进城市新型基础设施建设

促进城市发展方式转变，推进基于信息化、数字化、智能化的城市新型基础设施建设，全面提升城市建设水平和治理效能，是城市高质量发展的重要内容。加快完善新城建各项任务与城市信息模型（CIM）基础平台对接的工作机制。在城市更新中，有重点地推进智能化的市政基础设施建设和改造，形成可复制可推广的改造模式。同时，推进城市运行管理服务平台和智慧社区建设，实现城市智能化管理。推动智能建造与建筑工业化协同发展，推广装配式新型建造方式，加快发展"中国建造"。

五、加强城镇老旧小区改造

随着城镇化进程的加快，城市面貌发生了翻天覆地的变化，新建住宅小区环境优美，配套设施完善。但仍有许多城镇老旧小区年久失修，配套设施不够完善，影响了小区居民的居住体验，也是社会管理的薄弱环节。结合城市更新改造，按照"重点改造基础类、按需改造完善类、逐步改造提升类"的原则，坚持居民自愿，调动各方参与，强化建设、设计、监理、施工管理单位以及街道、社区与小区群众的对接，了解群众诉求，科学编制老旧小区改造方案，实现决策共谋、发展共建、建设共管、效果共评、成果共享。

六、增强城市韧性

增强城市韧性有助于推动城市治理体系和治理能力现代化。完善防灾减灾设施，保障城市在风险冲击下快速恢复正常运行，切实提高城市发展韧性。

首先，加强城市应急和防灾减灾体系建设。提高自然灾害和重大事故预测、预警能力，综合治理城市公共卫生和环境，保障人民生命财产安全。健全市政公用设施常态化管护机制，确保设施运行稳定安全。其次，加强城镇抗御自然灾害工程建设。完善城镇排水通道和下渗设施，疏浚河道，修建堤坝，防止洪涝灾害和滑坡泥石灾害的发生，提高应对极端天气能力。对那些受到河流、山地和沟壑等地形限制的城镇，采用组团方式扩大城镇规模，建设卫星城和独立小镇。再次，推进海绵城市建设。在确保城市排水防涝安全的前提下，实现雨水在城区的蓄存、渗透、净化和再利用。最后，提升城市在重大突发风险或冲击下的自控力、自组织功能和自适应水平。确保城市在遭受重大、突发风险打击时仍能保证重要功能维持基本运转。

七、引导就地就近城镇化发展

因地制宜地推进以县城为重要载体的城镇化建设，健全以县为单元统筹城乡的城镇发展体系，统筹布局县城、中心镇、行政村基础设施和公共服务设施，建立政府、社会、村民共建共治共享机制。以县城和特大镇为重点、以小城镇特色化发展为方向，增强产业和人口聚集能力，促进农业转移人口就近城镇化。加强县城基础设施建设和产业发展，激发县城增长活力，促进县城公共服务设施提标扩面、环境基础设施提级扩能、市政公用设施提档升级、产业配套设施提质增效，推动有条件的县城和特大镇发展成为中小城市。发挥小城镇与广大农村联系紧密，便于城乡融合发展的优势，吸引非农产业和人口聚集，促进城乡融合。

第三节　提升城市现代化治理水平

伴随居民收入的提高，人们对生产生活环境提出了新的要求。未来城市的发展，要统筹布局生产、生活、生态设施，以"精筑城"带动"广聚人"，以"强功能"带动"兴产业"，增强新城新区的宜居性和吸引力。

一、创新城市治理模式

以人为本的城镇化发展理念，要求城市政府管理向服务型转变、治理方式向精细化转变、服务手段向智能化转变，强化风险管控，突出重点领域整治，健全公共安全保障体系。

一是加强城市精细化管理。运用大数据技术，加强"城市大脑"建设，围绕城市治理需求，建设城市综合运行管理服务平台，增强信息采集、交流、发布、共享等功能，加快实现城市治理精准施策、靶向发力，推动城市治理决策科学化。加强城市风险防控，健全信息互通、资源共享、协调联动的风险防控工作体系，实现对风险的源头管控、过程监测、预报预警、应急处置和系统治理。

二是坚持人民群众在城市治理中的主体地位。坚持以人民为中心的理念，把让人民宜居安居放在首位，激发城市治理的内生动力，从过去的政府管理思维转变为政府主导、社会协作、民众参与的多主体治理思维。在城市规划、建设、管理全过程中，统筹推进经济发展和社会治理。充分发挥政府主导作用，推动多元主体之间协同合作，形成多方力量共同参与城市治理的格局。

二、建设宜居城市

一是未来应以市民对高品质生活需求的新特点为导向，以服务保障城市功能为目标，织密生活性服务业网点，完善基础配套设施，形成布局合理、功能完善、业态多元、管理规范的城市生活服务供给保障体系。

二是顺应我国人口老龄化的发展趋势，构建和谐稳定的社会环境，更好地满足老年人医、养、学等多方面的发展需求，确保相应的土地供应与土地保障。近年来，人口的老龄化趋势不断加快，65岁及以上老龄人口呈现持续增加态势。老年人需求主要分为养的需求、医的需求、教的需求、学的需求、为的需求和乐的需求六个部分。老有所养是基础，老有所医是保障，老有所教是手段，老有所学是动力，老有所为是方向，老有所乐贯穿老年生活的始终。国土空间规划要顺应人口老龄化的趋势，充分考虑老年人口规模、人口结构、人口空间分布、养老模式的变化，为老年人养老、医疗、康养照顾、教育学习、文化娱乐等方面的场所建设提供土地保障。

三是依据人们对宜居环境的需求，建设生态文明城市。一方面，人们利用土地更强调战略性长远性规划，更强调人与自然和谐共生发展，为此，土地利用必须界定好生态保护红线，应保尽保、应划尽划，不得在自然保护区、生物多样性维护区、一级水源保护区、国家公园、森林公园、风景名胜区、文物保护区、地质灾害频发区、地质公园、水土保持和防风固沙重点区等生态环境敏感区域安排项目，不得随意违规毁林填湖和破坏湿地等，以确保人们有清洁的水源、充足的氧气、适宜的气候、肥沃的土地、多样的生态产品、宜居宜业的发展环境，确保甘肃省人民生存发展的可持续性。另一方面，人口规模的增大导致人们对水资源的需求量加大，城镇用水结构（生产用水、生活用水和生态用水等）也会相应改变，建设相应的供水排水等配套设施需要土地给予支持。同时人口的增多也将带来大气污染、水污染、温室气体排放、各种垃圾的增加，环境压力的增大，需要建立相应的污水处理、垃圾处理、环境净化等方面的企业实体和配套设施，必然加大这些方面的用地保障。

第四节　推进城乡融合发展、完善公共服务保障能力

加快推进城乡统筹发展，完善公共服务保障能力，必须大力推进改革和创新，建立健全城乡统筹发展的体制机制。

一、建立城乡要素合理配置体制机制

一是完善农村土地制度和集体产权制度改革。全面落实第二轮土地承包期后

再延长 30 年的政策。在落实农村承包地三权分置的基础上推进农村土地流转，发展多种形式的适度规模经营，允许农户以承包土地经营权担保融资。重点推进建设完善县、镇、村三级土地流转服务平台，推进农村土地经营权抵押贷款试点，加强土地流转合同管理，加强农村土地承包经营纠纷调解仲裁体系建设等。同时，推进农村集体建设用地改革，积极建立农村宅基地"三权分置"，探索包括农村宅基地在内的农村集体建设用地入市的合理途径，在尊重农民意愿的基础上推进空置房和旧宅基地有偿退出，集中建设农村特色社区和田园综合体。在确保集约用地的原则下，尽快制定甘肃省不同区域宅基地面积标准。按照同地同权原则，加快建立集体经营性建设土地入市制度，使集体土地可以参与到工商业开发建设中，从而使农民分享土地市场增值收益。

二是深化户籍制度改革，创新城乡人才流动机制。彻底打破传统户籍制度的限制，健全农业转移人口市民化机制。全面放开中小城市落户条件，畅通城乡人口流动渠道，建立有利于促进农村转移人口市民化和鼓励城市居民到乡村创业和生活的人口流动机制。全面落实支持农业转移人口市民化财政政策、城镇建设用地增加与市民化人口数量挂钩政策，以及中央预算内投资安排向吸纳市民化人口数量较多的城镇倾斜政策，维护好进城落户农民的土地承包权、宅基地使用权、集体收益分配权，并支持依法自愿有偿转让上述权益。完善城乡就业制度，既要为农民脱离农业农村到城市就业创造条件，又要为城镇居民到农村创业提供便利，鼓励各类科技人才在城乡兼职兼业，因地制宜出台创业支持政策，吸引本地外出的各类人才返乡创业兴业，促进城乡人口双向流动。创新农村人才培育引进机制，激励各类人才下乡创业，利用优势产业、发展平台和优厚待遇等多种方式吸引各类人才下乡创业。全面建立城市医生、教师、科技文化人员等定期服务农村机制，加快制定相关优惠政策，吸引各类人才到农村创新创业。

三是建立国有金融资本进入乡村的激励机制。以国有资本的示范引领带动社会资本上山下乡，支持服务乡村振兴的城乡金融组织创新、金融产品和金融服务创新，扭转乡村金融资本动力不足的状况。首先，抓好财政支农投入体系建设，加大财政贴息贷款、税收减免等支持举措，拓宽农业投入来源渠道。探索设立城乡融合发展基金，发挥财政资金的引导和杠杆作用，吸引金融资本和社会资本参与农村产业链的开发与投资。其次,创新农村金融体制,加快建立商业性金融、合作性金融、政策性金融相结合的农村金融体系。加大乡镇及以下网点的布设力度,提升农村金融服务的便利性。再次,完善涉农资金整合长效机制,提高各类资金配置效率。最后,建立工商资本入乡促进机制。积极引导工商资本进入乡村,加强财税、金融、土地、产业等政策的协调配套支持。探索构建适合我国实际的农户与新兴经营主体利益联结机制,确保农户能够分享一二三产业融合的增值收益。

四是推进农村集体产权制度改革。建立健全集体资产各项管理制度,建设农村集体资产监督管理平台,推进农村集体经营性资产股份合作制改革。因地制宜推进以农村资源变资产、资金变股金、农民变股东为主要内容的农村"三变"改革,引进和培育一批对农业农村资源、农产品、农业劳动力依赖度高的经营主体。进一步建立健全完善农村产权流转交易市场,推动农村产权流转交易公开规范运行。推广利用国有资本和供销社等集体资产自建龙头企业的"庄浪模式"和外引龙头企业"轻资产"的"德青源模式",通过"企业+合作社+农户"等模式,以财政资金配股和贫困户入股资金为纽带,联结农民和经营主体,推动形成利益共同体。

五是建立科技成果入乡转化机制。建立优先满足农业农村对技术的需求机制,使科技资源成为促进城乡融合的主要动力。支持我国各地建立科技促进农村特色产业发展的奖励机制,建立科技人员入乡兼职和下乡创业激励机制,对服务农村科技人员给予职称评定、年终奖励和评先选优等方面的优先权。鼓励更多技术人员促进科技成果入乡转化,推动科研院所面向市场需求开展技术创新。率先建立技术人员在涉农企业技术入股兼职兼薪机制,允许农业技术人员通过提供技术服务合理取酬。

六是建立健全城乡要素市场对接机制。统筹推进乡村振兴和城市提升工作,建立健全城乡统一有序的城乡要素市场。打造乡村优质农产品基地、生态保护空间、宜居生活空间、休闲度假和旅游空间,促使更多城镇生产生活要素顺畅融入农村。加强城市就业、投资、消费和产业发展等功能建设,进一步增强城市服务农村的能力。建立完善链接城乡的网络社群平台,探索发展农产品个性化定制服务、会展农业、乡村共享经济等新模式，满足城乡居民多元化、高品位的消费需求。

二、建立城乡基础设施统筹发展的体制机制

一是构建城乡规划融合机制。城乡规划融合机制是指从区域整体进行城乡发展规划的统一编制，明确城乡各自的功能分工，促使城乡各类专项规划相互衔接、相互协调。我国可探索建立城乡规划融合机制，以科学规划为指引，推进城乡规划资源一体配置，优先进行农村基础设施建设，改善农村基础设施和农田水利等生产条件。加快实现县乡村道路联通、城乡道路客运一体化，完善道路安全防范措施。按照以人为本、尊重自然的原则，推进乡村人性化建设，突出环境设计、功能布局、能源利用、生活服务，努力将有条件的村镇打造成为连接城乡居民生产生活的重要桥梁。同时，根据本地区城乡发展的实际需要，制定地方性法规，强化对省级行政区内城乡发展的规划协调，用法治化手段保障城乡各类专项规划相互衔接、相互协调和高效实施。

二是建立一体化建设机制。健全我国城乡基础设施共建共享机制，加快公共交通等市政设施向农村延伸，促进通信网络和污水处理设施覆盖全部乡镇。建立健全乡村基础设施建设分级分类投入机制，明确对公益性强、经济性差的设施，以省级政府投入为主，市县政府给予适当补助；对有一定经济收益的公共设施，以县乡政府投入为主，引入社会资本，引导农民适当投入；对经营性为主的设施，以企业投入为主。探索对新规划开发的城乡基础设施项目进行整体打包、一体开发建设。

三是建立一体化管护机制。健全整体谋划、长远管护、科学实施的城乡基础设施共管、共护、共享机制，加强试点，探索适合我国实际的运行管护模式。建立城乡基础设施产权制度，由产权所有者实行实际管护。将公益性设施的管护运行纳入一般财政预算，以政府购买服务等方式引入专业化管护企业实行高质量管护和运行。

三、建立城乡基本公共服务均等化体制机制

长期以来由于政策上"重城轻乡"，造成了我国在基础设施、人居环境及教育、卫生、文化等公共服务配套方面城乡依然存在巨大差距，特别是教育、卫生发展不均衡问题尤为突出，使农村难以吸引人才和留住人才。促进城乡统筹发展，必须抓好农村公共服务体系建设，推动城市优质公共服务向农村延伸覆盖。

一是完善城乡教育资源均衡配置机制。优先发展农村教育事业，建立以城带乡、整体推进、城乡一体、均衡发展的义务教育发展机制。着眼解决农村师资水平低、工作人员少的突出问题，探索建立我国统筹规划、统一选拔的乡村教师补充机制，充分保证乡村教师延续和能力提高。建立乡村教师工资待遇高于城镇教师的常态化发展机制，吸引更多教师服务乡村。全面推行县域内校长与教师交流轮岗和城乡教育联合体模式，促进乡村教育质量稳步提高。进一步完善教育信息化制度，实现更多优质资源城乡共享。

二是健全乡村卫生服务体系。发挥各级财政资金的投入保障作用，加强县、乡、村医疗卫生机构基础设施建设和设备配备，确保基本服务设施达到标准化要求。发挥县域医联体、医共体作用，扩大远程医疗服务应用，促进优质医疗资源向基层下沉。

三是完善城乡社会保障和救助体系。加快完善我国城乡统一的基本养老保险体系、基本医疗保险制度和大病保险制度，提高待遇保障水平，逐步实现城乡社会保障均等化。探索构建多层次的养老保障体系，创新城乡多元化照料服务模式。加紧推进我国低保制度城乡统筹，健全低保标准动态调整机制，实现特困人员供养标准、职业技能补贴等福利政策城乡统一。健全农村留守儿童、妇女、老人关爱服务体系。健全困境儿童保障工作体系，完善残疾人福利制度和服务体系。改革人身损害赔偿制度，统一城乡居民赔偿标准。

四是健全城乡公共文化服务体系。对城乡公共文化资源从规划、布局、服务、人才队伍建设等方面统筹推进，着力弥补农村公共文化短板，推动文化资源重点向农村倾斜。鼓励社会力量参与发展公共文化服务，支持乡村民间文化活

动。划定乡村建设历史文化保护线，保护乡村优秀文化遗产，推动非物质文化遗产活态传承。

五是健全乡村治理机制。健全党组织领导下的自治、法治和德治相结合的乡村治理体系。加强农村基层党组织领导力量，全面推行村党组织书记通过法定程序担任村委会主任和村级集体经济组织、合作经济组织负责人机制。健全村级组织经费保障机制。加强农村新型经济组织和社会组织党建工作，强化自治组织规范化、制度化建设。完善村级综合服务平台，建设网格化管理体系和乡村便民服务体系。

四、建立促进乡村经济多元化发展体制机制

长期以来，农业农村大量优质要素资源不断流向城市，农村发展缺乏动力和活力，空心化问题突出。推进乡村经济多元化发展，促进农村三产融合是城乡统筹发展的基础。

一是全面落实农业支持保护制度。坚决落实好耕地地力保护补贴、农机具购置补贴和草原生态补助奖励政策。

二是健全一二三产业融合机制。依托"互联网+"和"双创"推动农业生产经营模式转变。着力把城市产业体系嫁接到现代农业中，大力发展现代都市工厂式、立体化的设施农业。健全农产品产地营销体系，建设双向互动的农村电商服务系统，逐步促进农产品生产、加工、服务环节纵向一体化。制定鼓励农村复合性产业培育与发展的政策法规，坚持农村三次产业形态融合、政策措施融合、经营主体融合的思路，跨越城乡界限、工农界限、产业界限，让农民直接参与二、三产业，更多分享农产品增值收益。

三是建立新产业新业态培育机制。推动大农业与旅游休闲、农耕体验、文化传承、健康养生等深度融合。进一步完善农村电子商务支持政策，实现城乡生产与消费多层次对接。

四是建立乡村文化保护利用机制。坚持生态发展和文化保护并重，挖掘乡村生态、文化和历史等方面的独特价值，推动农村产业与城市产业互补。建立农村

特色文化资源挖掘利用机制，强化农耕文化遗产的发掘和传承保护，培育本土文化人才，引导企业积极参与，进一步壮大甘肃省文化优势，有效推动文化产业做大做强。健全文物保护单位和传统村落整体保护利用机制，推进地方特色民俗旅游业发展。

第五节　推进以城市群为主的城镇发展新格局

习近平同志在党的十九大报告中指出，"以城市群为主体构建大中小城市和小城镇协调发展的城镇格局"。目前，长三角、珠三角和京津冀三大城市群不仅发展迅速，而且资金、产业、科技和人才的聚集效应明显，已成为我国对外开放的门户和全球重要的先进制造业基地，具有较强国际竞争力的世界级城市群。发展城市群不仅优化了城市功能和布局，同时还促进了资源要素顺畅流动、高效利用，实现了城市合理分工、联动发展，有效解决了区域内城市发展不平衡不充分的问题，带动了整个区域集约高效发展。

一、构建一体化的城市群基础设施支撑体系

国内外城市群的共同特点是对内联系紧密、对外高度开放，区域内生产要素实现自由流动。推进城市群交通同网、能源同体、信息共享、设施同建，构建中心城市与周边城市交通、信息以及基础设施的一体化支撑体系，是城市群高质量发展的重要基础。

合理布局综合交通网络，构建互联畅通、高效便捷的现代综合交通运输体系。根据城市群交通设施需求强度和结构的变化，统筹大中小城市的交通基础设施布局，推进城市群内交通基础设施的建设。以完善路网结构为重点，加强省际出口通道与周边省区际联通，推进一般干线公路联网加密，构建内通外畅的现代交通运输网络。提高交通网络运行效率，综合分析产业布局和城镇分布形成的

运输需求，科学确定交通等基础设施的合理规模和建设时序，促进城市间交通等基础设施的融合。

建立统一、高效、共享的一体化信息平台。在数字经济和"新基建"背景下，进一步提高中心城市的信息化水平，有效驱动城市群信息流与物质流相互激励、协同发展。通过城市群一体化信息平台建设，构建城市群政务信息共享和业务协同机制，推动电子政务平台跨部门、跨城市横向对接和数据共享，加快智慧出行、网络教育、在线医疗等的发展，不断提升城市群互联互通的城市管理，以及社会治理的协同联动能力。完善城市群各城市间的信息披露和共享机制，推动政府与社会合作建立人口、资源、环境、经济等信息平台和公共服务机制，为城市决策提供可靠的信息支持，为实现城市群的一体化发展奠定信息基础。

二、构建城市群协同发展的现代产业体系

中心城市、都市圈和城市群是我国新兴产业的集聚中心和技术创新中心。因此，高质量发展的城镇化要突出城市群对产业集聚和技术创新的支撑作用，依托比较优势优化产业空间布局，构建现代产业分工合作网络，加快形成新兴产业、科技创新、现代金融及人才等资源协同发展的产业体系。

一是建立城市群产业协调发展机制。通过调整城市群和都市圈的生产力布局，加快产业对接协作，推动各城市差异化发展。明确城市群战略性新兴产业发展的总目标以及各城市的分工和定位。统筹协调城市群内部主导产业的选择、培育和发展，解决城市群内部主导产业选择趋同问题，实现产业结构升级与城镇空间发展模式协同。

二是推进产业群与城市群的协同发展。在充分发挥市场配置资源的作用的同时，政府还要从产业扶持政策转变为产业链扶持政策，努力消除城市群产业链的制度壁垒。整合城市群各类产业资源，建立以产业链为基础的科技创新平台，以产业结构高度化和产业发展集群化，推动群内大中小城市在空间形态上形成产业发展与城市发展协同化、城市经济发展群体化、城乡空间发展生态化的新格局。

三是推进城市群产业集聚与扩散驱动。推动城市群围绕价值链优化进行产业

布局，引导研发、核心制造、综合服务等高附加值环节向城市群核心城市集聚。支持城市群内的龙头企业在核心城市建设研发中心、营销中心、总部经济、平台经济等，促进一般加工制造环节向周边城市转移，引导城市群内部城市之间联合发展"飞地经济"，引导探索"核心城市研发设计+周边地市协同制造""核心城市总装集成+周边地市零部件生产""核心城市生产型服务+周边地市成品制造""核心城市平台经济+周边地市产业生态圈"等城市群产业协同发展格局。打破城市群行政边界，支持龙头企业跨区域整合生产要素和产业资源，引导龙头企业以产业链、技术链、资金链推动优势产业链合理布局，形成分工明确、优势突出、区域协同的全产业链发展格局。

三、坚持城乡融合发展，增强城市人口集聚能力

城镇化是城市群发展的动力来源。城镇化涉及城乡人口结构变化、空间结构变化、生态结构变化、社会结构变化、经济结构变化等方面，其中城乡空间结构一体化是基础，它既是城乡经济运行的结果，又是城乡经济进一步发展的基础。

一是加快以人为核心的新型城镇化发展，拓展人口增长空间。城镇化的快速发展为人口向城镇集聚提供了巨大的空间，应以重点城市群和都市圈为载体，不断提升区域内城市辐射带动能力，加快推动各类要素向乡村流动，努力缩小城乡居民收入差距，大力改善城乡整体面貌，建立健全城乡融合发展体制机制。

二是强化城市群协同发展战略，提升人口的流动和集聚能力。

三是加大人才激励政策力度，为提高城市群人口规模与素质提供支持。人才是最重要的生产要素，是创新的主体。应把建设人才集聚高地作为甘肃省城市群发展的第一方略，让人才"引得来""使上劲""留得住"。根据功能区定位，以规划引人才、以产业引人才、以市场引人才，避免城市间人才引进的恶性竞争，实现不同类型、不同层次人才的优化配置。

四、坚持民生共享，提高城市群的公共服务水平

城市群基本公共服务领域涵盖科技、教育、卫生、文化、体育、住房、环保等诸多方面。提升基本公共服务水平，既包括城市群基本公共服务总体水平的不断提高，也包括不同城市间的基本公共服务均等化程度的提高。

一是要打破行政分割的壁垒，促进技术、教育、卫生、信息等要素顺畅有序流动，提升城市群资源组合配置效率。推进医疗资源协作互助，加快城市医联体建设，大力推进区域医疗中心试点建设；推进教育资源整合共享，鼓励多种形式的跨地区教育合作；推进城市群社会保障接轨衔接，实现社保关系无障碍转移接续；推进城市群公共服务一体化发展。

二是完善科技服务共享发展机制，围绕城市群发展要求，提升科技服务的供给能力和服务效率。建立和完善科技资源共享机制，大力促进科技资源跨部门、跨行业、跨城市的协同与合作，打造"共建共享共赢"的科技服务平台。推动更为广泛和科学的数据共享，提高数据集成平台的智能数据处理能力，提升科技平台的服务能力。加强企业共性技术服务平台建设，为企业、科研院所、高校的科技创新提供更多的共享平台。加快科技管理体制改革，引导科技服务机构向专业化、规模化和规范化方向发展。

三是加大政府引导资金的投入，建设网络化、社会化及公益化的公共科技服务体系。实现城市网格化管理信息系统的有效覆盖和城市管理全面覆盖，推进城市管理数字化、精细化、法制化发展，让社会和市民成为管理主体，使城市群各层次管理柔性化、民生化。

四是制定各类专业人才在城市群内的轮岗交流机制，引导更多专业人才和资源均衡布局，充分发挥人才资源作用。推行各类职业资质、专业标准在城市群内的统一认可，减少重复考核和交叉检验，促进相关公共服务在城市群内共享。

五、全面提升城市群的开放合作水平

要想全面提升城市群的开放合作水平，必须进一步加大对外开放力度，持续高效地拓展新的空间，增强城市的增长拉动效应、城市的空间极化效应、中心城市产业的集聚与扩散效应。

一是建立城市群协同发展的市场机制。通过深化改革，清除市场壁垒，营造城市群内统一的营商环境，构建统一的产权交易市场、商贸物流市场、金融资本市场、科技教育市场和人才劳动力市场，促进公共基础资源在城际、城乡之间的合理布局和充分流动。协调城市群内的公共服务，包括义务教育制度、社会保障制度、公共医疗卫生制度、公共收入与公共支出制度、公共基础设施制度、社会合作制度等一体化方向发展。二是建设开放合作平台。积极谋划发展高铁经济、临空经济，提升现有对外合作平台的层次，支持城市建设面向"一带一路"的开放合作平台。三是密切城市群内城市的区域交流合作。进一步扩大城市合作交流领域，力争在基础设施、产业协作、军民融合、文化旅游、科技教育、生态建设等领域取得实质性合作成果。

六、建立跨区域生态共建共治的管理机制

第一，加快生态体系建设，共建绿色可持续发展城市群。坚持生态优先、绿色发展的原则，进行跨省生态共治。在城市群率先推行绿色生产生活方式，将"绿色低碳"打造成为城市群的鲜明品牌；在城市群率先构建环保倒逼转型的制度体系，以生态共建和环境共治为基本手段，建设绿色可持续发展的城市群，努力实现生态文明和高质量发展有机统一、人与自然和谐共生。

第二，建立健全跨区域生态文明建设联动机制，编制城市群环境总体规划，加强生态环境综合治理，形成人与自然和谐发展的格局。建立生态文明考核评价机制，进一步完善考核办法和奖惩机制，把资源消耗、环境损害、生态

效益纳入城市群发展的综合评价体系。建立并完善主要污染物排污权交易制度，建立吸引社会资本投入生态环境保护的市场化机制，支持城市群内统一的排污权、水权、碳排放权交易市场体系建设，建立城市群内利益协商、分配和补偿机制。

参考文献

［1］ United Nations，Department of Economic and Social Affairs，Population Division. World Urbanization Prospects：The 2014 Revision Methodology ［EB/OL］. https：//population. un. org/wup/Publications/Files/WUP2014-Methology. pdf，2014.

［2］ 蔡昉，都阳，杨开忠，等. 新中国城镇化发展70年 ［M］. 北京：人民出版社，2019.

［3］ 车艳秋. 以人民为中心的新型城镇化研究 ［D］. 辽宁大学博士学位论文，2017.

［4］ 陈奕平. 当代美国人口迁移特征及原因分析 ［J］. 人口研究，2002，26 （4）：59-65.

［5］ 迟福林. 推进以人为核心的新型城镇化 ［J］. 理论参考，2017 （5）：6-9.

［6］ 仇保兴. 新型城镇化：从概念到行动 ［J］. 行政管理改革，2012 （11）：11-18.

［7］ 段成荣，谢东虹，吕利丹. 中国人口的迁移转变 ［J］. 人口研究，2019，43 （2）：12-20.

［8］ 方创琳，周成虎，顾朝林，等. 特大城市群地区城镇化与生态环境交互耦合效应解析的理论框架及技术路径 ［J］. 地理学报，2016，71 （4）：531-550.

［9］ 冯胜. 国外城乡统筹发展模式比较研究 ［J］. 软科学，2011，25 （5）：111-115.

［10］ 付娜. 发达国家城乡一体化经验对中国进一步城乡统筹发展的启示研究 ［J］. 世界农业，2014 （8）：47-53.

［11］甘肃省第六次全国人口普查办公室.迈向小康社会的中国人口（甘肃省卷）［M］.北京：中国统计出版社，2015.

［12］甘肃省人民政府办公厅.甘肃省人口发展规划（2016-2030年）［Z］.2018.

［13］甘肃省住房和城乡建设厅.甘肃省城镇体系规划（2013-2030年）［Z］.2014.

［14］高胜恩，翟胜明.70年代以来美国国内人口迁移态势与成因分析［J］.人口学刊，2000（1）：22-26.

［15］顾宝昌.解决人口问题重在把握人口结构特点［J］.中国党政干部论坛，2012（11）：20-21.

［16］郭俊华，盛梅，许佳瑜.国家统筹城乡试验区经济社会一体化发展经验探析——以重庆为例［J］.西北大学学报（哲学社会科学版），2015，45（6）：103-110.

［17］郭冉.新中国成立70年人口流动的社会变迁［J］.河南社会科学，2019，27（9）：97-106.

［18］国家统计局人口和就业统计司，中国人民大学社会与人口学院.人口和就业统计分析技术［M］.北京：中国统计出版社，2012.

［19］国家统计局.人口总量平稳增长　人口素质显著提升——新中国成立70周年经济社会发展成就系列报告之二十［EB/OL］.http：//www.stats.gov.cn/TJSJ/ZXFB/201908/T20190822_1692898.html.

［20］韩本毅.中国城市化发展进程及展望［J］.西安交通大学学报（社会科学版），2011，31（3）：18-22.

［21］韩俊.何宇鹏.新型城镇化与农民工市民化［M］.北京：中国工人出版社，2014.

［22］胡雪燕.京津冀城乡统筹发展模式研究［D］.河北工业大学硕士学位论文，2014.

［23］胡艳兴，潘竟虎，李瑶.基于ESDA-GWR的甘肃省人口城镇化空间动态分析［J］.人口与发展，2015，21（1）：41-49.

［24］黄健元，刘洋．流动人口预测模型构建及其应用［J］．统计与决策，2008（23）：18-20.

［25］黄荣清．关于人口预测问题的思考［J］．人口研究，2004（1）：88-90.

［26］贾洪文，谢卓军，高一公．甘肃省人口预测与发展趋势分析［J］．西北人口，2018，39（3）：118-126.

［27］贾若祥．中国城镇化发展40年：从高速度到高质量［J］．中国发展观察，2018（24）：17-21.

［28］姜松，曹峥林，王钊．国外城乡统筹发展经验与中国重庆市的现实选择研究［J］．世界农业，2013（9）：167-172.

［29］劳伦斯·A.克雷明．美国教育史：城市化时期的历程［M］．朱旭东，等译．北京：北京师范大学出版社，2002.

［30］李林杰，石建涛．日韩城乡统筹发展的经验借鉴［J］．日本问题研究，2008（4）：1-5.

［31］李敏丽．中美城市化进程中的人口分布锐化与钝化比较研究［D］．华东师范大学硕士学位论文，2018.

［32］李培林．社会变迁新态势［J］．党政干部参考，2015（3）：31-32.

［33］李树茁，果臻．中国人口动态、挑战与国际影响［J］．西安交通大学学报（社会科学版），2011（5）：41-49.

［34］刘秉镰，朱俊丰．新中国70年城镇化发展：历程、问题与展望［J］．经济与管理研究，2019（11）：3-14.

［35］刘洪涛，尚进，蒲学吉．基于面板Logistic增长模型中国城镇化演进特征与趋势分析［J］．西北人口，2018，39（2）：1-9.

［36］刘庆，刘秀丽．生育政策调整背景下2018—2100年中国人规模与结构预测研究［J］．数学的实践与认识，2018，48（4）：180-188.

［37］刘易斯·芒福德．城市发展史［M］．北京：中国建筑工业出版社，2005.

［38］陆大道，姚士谋．中国城镇化进程的科学思辨［J］．人文地理，2007（4）：7-11，32.

[39] 马丽敏. 19 世纪英国城市化与人口迁移 [D]. 内蒙古大学硕士学位论文, 2007.

[40] 马先标. 韩国城市化历史演变的文化内涵 [J]. 边疆经济与文化, 2017 (4): 44-46.

[41] 马先标. 美国城市化历程回顾及经验启示 [J]. 贵州大学学报 (社会科学版), 2019, 37 (4): 45-51.

[42] 倪鹏飞. 改革开放 40 年中国城镇化发展的经验与启示 [J]. 智慧中国, 2018 (12): 13-15.

[43] 牛文元. 中国特色城市化报告 [M]. 北京: 科学出版社, 2012.

[44] 戚伟, 刘盛和. 中国城市流动人口位序规模分布研究 [J]. 地理研究, 2015 (10): 177-189.

[45] 沈巍, 宋玉坤. 人口预测方法的现状、问题与改进对策 [J]. 统计与决策, 2015 (12): 4-9.

[46] 孙阳, 姚士谋, 陆大道, 等. 中国城市群人口流动问题探析——以沿海三大城市群为例 [J]. 地理科学, 2016 (12): 1777-1783.

[47] 汪彬, 李鸿磊. 外国城市化经验对新时代中国城市发展的启示 [J]. 经济体制改革, 2019, 217 (4): 162-168.

[48] 汪洋, 方创琳, 王振波. 中国县域城镇化水平的综合评价及类型区划分 [J]. 地理学报, 2012, 31 (7): 1305-1316.

[49] 王桂新, 潘泽瀚. 我国流动人口的空间分布及其影响因素——基于第六次人口普查资料的分析 [J]. 现代城市研究, 2013 (3): 4-11.

[50] 王桂新. 中国经济体制改革以来省际人口迁移区域模式及其变化 [J]. 人口与经济, 2000 (3): 8-16.

[51] 王纪孔, 宁俊飞. 韩国新村运动中的农村支援政策及其对中国新农村建设的启示 [J]. 天津商业大学学报, 2009 (1): 14-20.

[52] 王金营, 戈艳霞. 全面二孩政策实施下的中国人口发展态势 [J]. 人口研究, 2016, 40 (6): 3-21.

[53] 王晓丽. 从市民化角度修正中国城镇化水平 [J]. 中国人口科学,

2013（5）：87-95.

［54］魏后凯，关兴良.中国特色新型城镇化的科学内涵与战略重点［J］.河南社会科学，2014（3）：17-26.

［55］魏后凯，苏红健.中国农业转移人口市民化进程研究［J］.中国人口科学，2013（5）：21-29.

［56］魏后凯，苏红键.改革开放40年中国城镇化历程、启示与展望［J］.改革，2018（11）：49-59.

［57］魏后凯.中国城镇化的进程与前景展望［J］.China Economist，2015（2）：102-121.

［58］魏后凯.中国城镇化进程中两极化倾向与规模格局重构［J］.中国工业经济，2014（3）：18-30.

［59］温铁军.中国城镇化战略的历史意义［J］.经济导刊，2013（11）：45-46.

［60］吴殿廷.新型城镇化的本质特征及其评价［J］.北华大学学报（社会科学版），2013（6）：35-39.

［61］西蒙·库兹涅茨.现代经济增长［M］.北京：北京经济学院出版社，1989.

［62］肖金成，刘保奎.改革开放40年中国城镇化回顾与展望［J］.宏观经济研究，2018（12）：20-31，134.

［63］新华社.中共中央关于制定国民经济和社会发展第十四个五年规划和二〇三五年远景目标的建议［EB/OL］.http：//www.gov.cn/zhengce/2020-11/03/content_5556991.htm.

［64］尹德挺，孙萍，张锋.新中国七十年我国人口规模变迁［J］.人口与健康，2019（6）：16-22.

［65］尹德挺，袁尚，张锋.改革开放四十年中国人口流动与分布格局变迁［J］.人口与计划生育，2018，256（12）：25-30.

［66］于培伟.日本的城乡统筹共同发展［J］.宏观经济管理，2007（9）：72-74.

［67］于潇，李袁园，雷峻一．我国省际人口迁移及其对区域经济发展的影响分析——"五普"和"六普"的比较［J］．人口学刊，2013，35（3）：5-14.

［68］余燕，袁培．国内外城乡一体化发展模式研究综述及启示［J］．苏州教育学院学报，2016，33（2）：78-83.

［69］余英．中国城镇化70年：进程与展望［J］．徐州工程学院学报（社会科学版），2019（6）：1-10.

［70］袁城．20世纪60年代中期以来韩国的国内人口迁移［J］．当代韩国，2009（2）：29-34.

［71］曾相斋，赵彦云，贺飞燕．中国人口的多边流动与再分布均衡［J］．调研世界，2015（10）：7-11.

［72］翟振武，段成荣，等．跨世纪的中国人口迁移与流动［M］．北京：中国人口出版社，2006.

［73］翟振武，李龙，陈佳鞠，陈卫．人口预测在PADIS-INT软件中的应用——MORTPAK、Spectrum和PADIS-INT比较分析［J］．人口研究，2017，41（6）：84-97.

［74］张蒙．发展的型式1950~1970［J］．世界经济，1989（8）：85.

［75］张沛，张中华，孙海军．城乡一体化研究的国际进展及典型国家发展经验［J］．国际城市规划，2014，29（1）：42-49.

［76］张秋．美日城乡统筹制度安排的经验及借鉴［J］．亚太经济，2010（2）：93-95.

［77］张占斌．新型城镇化的战略意义和改革难题［J］．国家行政学院学报，2013（1）：48-54.

［78］张正涛，章海峰．甘肃省城镇化发展态势的分析研究［J］．美与时代（城市版），2016（10）：46-47.

［79］张卓群．中国70年城镇化发展成就回顾与展望［J］．经济论坛，2019（10）：20-27.

［80］赵蕾，王国梁．日本当代城市化发展分析及对我国的启示［J］．安徽农业科学，2016，44（32）：245-247.

［81］赵峥，刘涛．着力推进中国城镇化转型［J］．中国发展观察，2014（12）：43-46.

［82］郑宇．战后日本城市化过程与主要特征［J］．世界地理研究，2008，17（2）：56-63.

后 记

城市化贯穿了人类社会工业化和现代化的整个历程，也是我国现代化的必由之路和必需之策。改革开放以来，在我国城市化加速发展的进程中大家逐渐认识到，作为工业化发展滞后的人口大国，中国城市化不可能走西方发达国家城市化的老路，必须走出一条符合中国实际的城市化道路。新型城镇化正是在这样的背景条件下，基于当代中国城镇化的伟大实践提出的。但是，如何认识新型城镇化的内涵和要求，如何理解中国新型城镇化发展的特殊规律，如何实现以人为本的城镇化等问题，都需要我们在实践和理论两方面进一步去研究和探索。

近年来，我们研究团队围绕新型城镇化进行了相关的调查和课题研究，尤其是基于甘肃省城镇化实践进行了相关的实证分析和探讨，本书正是在这些实证研究的基础上，对我国以人为本的新型城镇化发展路径进行思考形成的，希望能为推动我国新型城镇化实践提供有价值的学术支撑。

何苑研究员负责全书的框架设计和统稿，代雪玲博士、杨春利博士参与了统稿和编校工作，鲁雪峰副编审负责全书的校对。本书各章执笔者是：第一章为代雪玲、魏晓蓉，第二章为代雪玲、魏晓蓉，第三章为杨春利、代雪玲、冯乐安、杨雪琴，第四章为杨春利、代雪玲、马继民，第五章为魏晓蓉，第六章为何苑。

感谢本书的写作团队克服困难，积极参与调研和讨论，反复核对数据并修改文稿，为本书的写作提供了智力支持。感谢经济管理出版社杨雪女士对本书的编辑出版给予了专业的指导和帮助。感谢鲁雪峰副编审的细心编校，感谢所有关心、关注本书的人们。我国新型城镇化建设任重而道远，对新型城镇化的研究或许是我们长期的学术使命。由于我们的相关研究还处于起步阶段，难免有分析阐述不到位甚至偏颇疏漏之处，恳请读者批评指正。

何　苑

2021 年 9 月